U0035200

出版序

短線交易的法寶是5分鐘K線

　　辦公室愈來愈常接到詢問有關「短線交易」書籍的電話。

　　近來股票投資面臨行情波動動盪的局面，讓很多投資人苦惱不已。

　　特別是中長線投資人，一般是根據企業的業績和未來的成長性選股，這種苦惱更甚。

　　事實上，「投資」這件事從來不簡單，不管長期持有，還是短線操作，沒有相當時間的學習與心志磨練，是不可能做得好的。但是，以國內的理財書籍來看，有關短線操作的技術論述，可供參考的還真的不多。畢竟，大家還是覺得正經八百的談談股票理論似乎比較合乎投資書的格局。

　　然而，這種觀念應該改變了。

　　因為外在的投資環境真的是變了——

　　變得好敏感，甚至有點無厘頭。怪不得許多中長期投資人轉向熱衷於短線交易。這種投資的理念是，當日交易當日了結，不留風險過夜。

一天內的股價波動，特別是在早盤開市後的幾分鐘、幾十分鐘內就能完成買賣的「短線交易」，就是依靠股價波動本身來決出勝負。因此，只要看透股價波動的節奏和報價牌的動向，那麼當日肯定就會有很多次獲利的機會。尤其是，如果做空頭，獲利機會還有可能更豐厚。

　　這種投資方式，不論整個行情如何變化，只要股價有變動就行。即使只有幾毛錢的波動幅度，只有能夠及時獲利出場，就能在數分鐘內了結交易。

　　另外，散戶進行短線交易的有力武器也開始普及了。這就是「報價牌資訊」和「5分鐘K線」。如果是網路上下單，隨時隨地都能夠看到即時行情。

　　儘管如此，現在還有很多投資人是依靠「感覺」做判斷的。對他們而言，即使身邊有很好用的看盤軟體，也因為不是很熟悉那些數字與線圖，而僅依靠感覺交易，就某種角度來說，這就好比是把槍送給敵人。

出版序

　　因此，本書要對以前投資書中很少涉及的報價牌資訊和「5分鐘K線圖」，結合實例做詳細的說明。

　　報價牌資訊的閱讀方法並無一定之規。如果真有理論能告訴你「這樣看就會賺」，那麼全天下的錢他一個人都可以賺光了。

　　交易絕對不是那麼簡單的事。這裡只能說，如果具備關於報價資訊的知識，就能減少「高價買入、低價賣出」的失敗經歷。

　　另外，關於5分鐘K線圖，本書則儘量列舉多一些類型進行介紹。同樣的，世界上也沒有兩張股價圖是一樣的，所以，讀者只能透過書中的內容學習別人解讀行情的技巧，而不能抱著「一定如此」的死硬想法。

　　別說是5分鐘K線很難套用看圖技巧與規則，就算是變動比較和緩的日線、週線，在使用技術分析上同樣有非常多彈性的空間。這一點是讀者一定要先了解的。

　　我們一直認為，有關投資，與其要相信專家，不如相信贏家。因為贏家有實戰經驗，也有跟所有人都一樣的投資心路。因此，未來本

書系的最後一篇都會採訪一位「勝者」，請他們分享自己在期貨或股票上的交易方法。

　　投資，這一件事為什麼很迷人?除了有獲利的盼望之外，人們也常因著投資而「悟」到或「改變」很多以前沒有想過、沒有做過的事。甚至於有人也因著投資而改變了自己既有的生活態度。例如，本書採訪的勝者Joseph，他就說「投資，讓我變成一個講究整齊、規律且重視生活品質的人」。

　　你也曾為你的投資改變過什麼嗎？

　　歡迎一起進入本書的內容，共同學習。

恆兆文化　編輯部

Contents

1 報價牌資訊

五分鐘K線買進訊號（單一K線）

Contents

3 **五分鐘Ｋ線買進訊號 (組合型態)**

4 五分鐘Ｋ線; 賣出訊號; (單一Ｋ線)

Contents

6 勝者專訪

【附錄】保力加通道

股票超入門系列叢書

電話郵購任選二本，即享85折
買越多本折扣越多，歡迎洽詢
大批訂購另有折扣，歡迎來電‧‧‧‧‧‧‧‧‧‧

【訂購資訊】　　　　http://www.book2000.com.tw

郵局劃撥：帳號/19329140　戶名/恆兆文化有限公司

ATM匯款：銀行/合作金庫(代碼006)/三興分行/1405-717-327091

貨到付款：請來電洽詢　☎ TEL 02-27369882　📠 FAX 02-27338407

Part 1
報價牌資訊

01 行情板＋分線＋K線＝短線法寶

現在股市的特點是，即使你只想交易內需型的股票，也有來自世界各個角落的資金，而且判斷行情的標準往往跟「本業」表現沒有很絕對的關係，因此，對於喜歡從事短線交易的投資人來說，與其要相信那種不知利多(利空)何時才會發酵的新聞，還不如直接從盤面上觀察。

說得極端一點，新聞啦！產業利多(利空)啦！企業獲利(賠錢)啦！都可以被質疑，但已經掛在行情板上的資訊就可靠多了，雖然說也會有「虛掛」(也就是明明沒有心想買，但卻掛了買單，讓投資人誤以為買氣很旺，以誤導投資者，等到快達到成交時，再把掛單取消)的情況，不過，有經驗的投資人還是可以從報價的行情板上看出買、賣勢力的消長，並即早做出應對。

市場上的交易，從開始到結束，所有股票的「買」、「賣」和委買委賣的申報資訊都會記錄在報價牌上，投資者可以邊看報價牌邊做判斷，比如，「這個行情很強勁」、「現在賣壓出來了」……之類的。而能夠連續地將這種股價的波動表現出來的就是「分鐘K線圖」，最常用的又包括5分鐘K線、1分鐘K線。但是，僅依靠報價板上的數量、分鐘K線還是很難在頭腦中對股價的波動有概念，不可或缺的還要參考日K線，如此結合在一起看，以利把握行情的方向性。

圖1：想捉住短期波動，得善用看盤工具

圖片來源：台灣工銀證券

分鐘線

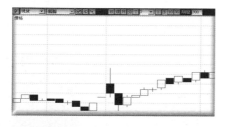

股價的上下波動是現實，而且總是正確的現實。交易要從接受這種現實開始。

行情板

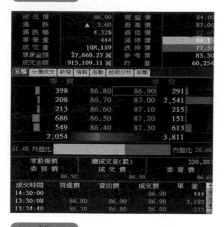

股價是在吸收了各種資訊後上下波動的。正是這種波動產生了獲利的機會。行情板中，彙集了反映瞬間波動情況的資訊。

K線

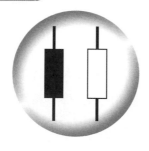

陰線、陽線能表現即時行情的強度，可做為進出的重要依據。

① 報價牌資訊

② 買進訊號 單K線

③ 買進訊號組合型態

④ 賣出訊號 單K線

⑤ 賣出訊號組合型態

⑥ 勝者專訪

⑦ 【附錄】保力加通道

02 供需關係左右股價

影響股價波動的最根本原因是投資人「想買」和「想賣」的想法,即所謂的「供需」。

比如,受台幣突然貶值影響,出現了想買以出口為主的大型電子股的人就會增多,這類股票的股價就會上漲。因此,從行情板上就反映出買方力量很強大,股價上揚。反之,如果台幣突然升值,就會使得賣方力量增強。

這種賣與買的平衡就叫做「供需關係」,如果買方力量佔上風,股價就會上揚;反之,如果賣方力量占了上風,股價就會下跌。同樣的道理,市場上的各種利多消息(利空消息),都會即時反應在行情板與價格上。不過,即使是同一種資訊,有時卻會導致當時的行情上漲,但有時卻會導致下跌。因此,必須仔細觀察行情板資訊中的數字並及時作出反應。值得新手注意的是,並不是報價行情板上「委買」量大,就會上漲;「委賣」量大,就會下跌,因為行情本身會吸收各種資訊,從行情板中所「秀」出來的數字,僅可以做為漲跌的參考,並需要有判斷經驗,因為行情是千變萬化的,它的原則就是「買在低點、賣在高點」,但有時還需要冒上一點風險。

對短線投資人來說,這種對行情的彈性思維,是一定要有的。以下舉大家都很熟悉的個股鴻海(2317)為例――

時間:2011年11月1日。

大環境背景:受到歐債利空影響,前一晚美盤大跌297點。

鴻海基本面:盤前發布2011第三季獲利1.8元,外界看好。

以下看鴻海當天的股價表現:

圖2：2011年11月1日 鴻海股價行情板

圖2-1

圖片來源：台灣工銀證券

> 國際行情表現很差，但受到第三季獲利的刺激，一早就逆勢上漲。
> 今天可以做為看盤重點。
> 或許可以趁行情回檔時加入。

> 委賣很多，看起來今天應該有機會「撿便宜」。

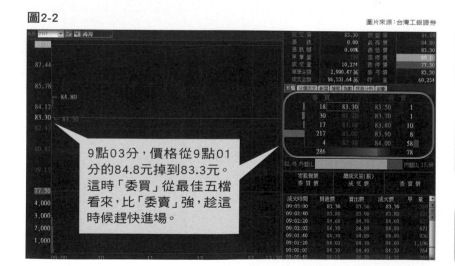

圖2-2

圖片來源：台灣工銀證券

> 9點03分，價格從9點01分的84.8元掉到83.3元。這時「委買」從最佳五檔看來，比「委賣」強，趁這時候趕快進場。

① 報價牌資訊

② 買進訊號單K線

③ 買進訊號組合型態

④ 賣出訊號單K線

⑤ 賣出訊號組合型態

⑥ 勝者專訪

⑦ 【附錄】保力加通道

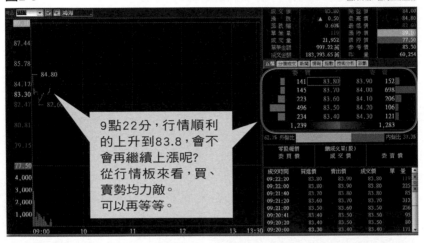

圖2-3　　　　　　　　　　　　　　　　　　　　　　　圖片來源：台灣工銀證券

9點22分，行情順利的上升到83.8，會不會再繼續上漲呢？
從行情板來看，買、賣勢均力敵。
可以再等等。

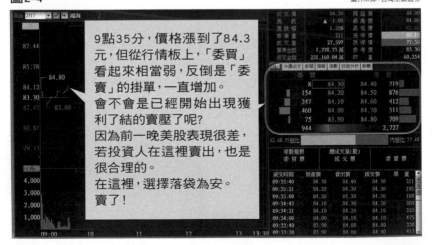

圖2-4　　　　　　　　　　　　　　　　　　　　　　　圖片來源：台灣工銀證券

9點35分，價格漲到了84.3元，但從行情板上，「委買」看起來相當弱，反倒是「委賣」的掛單，一直增加。
會不會是已經開始出現獲利了結的賣壓了呢？
因為前一晚美股表現很差，若投資人在這裡賣出，也是很合理的。
在這裡，選擇落袋為安。
賣了！

圖2-5　　　　　　　　　　　　　　　　　圖片來源：台灣工銀證券

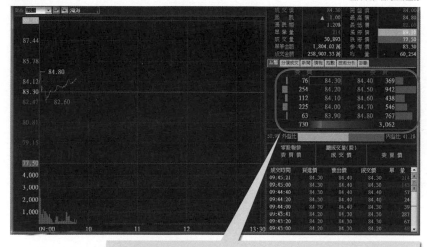

可能是受到國際行情不佳的影響，「委賣」單一直很多，相較於「委買」的數量，委賣單可謂聲勢浩大。然而，最好不要在這個時候放空，因為今天個股有強力的利多支撐，此時放空相當危險。

圖2-6　　9：53：20　　　　　　　　　　圖片來源：台灣工銀證券

① 報價牌資訊

② 買進訊號單K線

③ 買進訊號組合型態

④ 賣出訊號單K線

⑤ 賣出訊號組合型態

⑥ 勝者專訪

⑦ 【附錄】保力加通道

圖2-7 9：53：20
圖片來源：台灣工銀證券

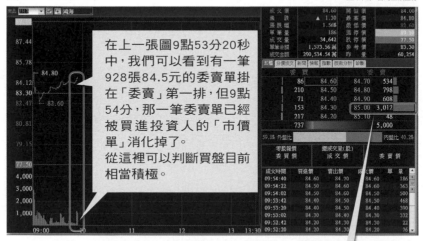

在上一張圖9點53分20秒中，我們可以看到有一筆928張84.5元的委賣單掛在「委賣」第一排，但9點54分，那一筆委賣單已經被買進投資人的「市價單」消化掉了。
從這裡可以判斷買盤目前相當積極。

然而，在這一個時間點，投資人除非有其他的考量，否則也不宜冒然做多買進。因為從行情板上，在85元有一筆高達3012張的委賣單量，一般法人特別喜歡在行情整數(如85元、86元之類)掛單，而且數量龐大，加上昨晚美股又大跌，所以，目前宜放棄追高，先看情況再說。

圖2-8
圖片來源：台灣工銀證券

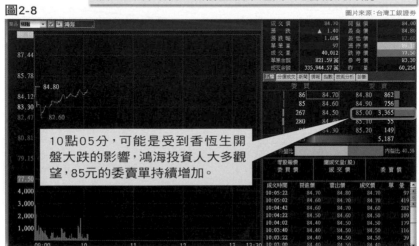

10點05分，可能是受到香恆生開盤大跌的影響，鴻海投資人大多觀望，85元的委賣單持續增加。

圖2-9

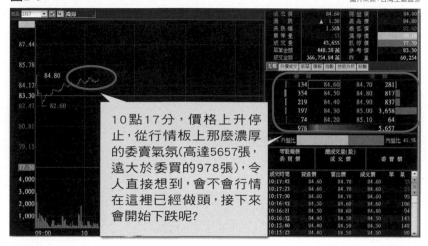

10點17分，價格上升停止，從行情板上那麼濃厚的委賣氣氛(高達5657張，遠大於委買的978張)，令人直接想到，會不會行情在這裡已經做頭，接下來會開始下跌呢？

圖2-10

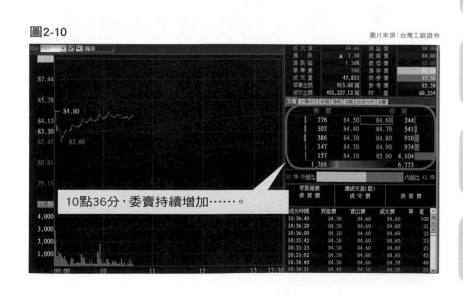

10點36分，委賣持續增加……。

① 報價 牌 資訊

② 買進 訊號 單K線

③ 買進 訊號組 合型態

④ 賣出 訊號 單K線

⑤ 賣出 訊號組 合型態

⑥ 勝者 專訪

⑦ 【附錄】 保力加 通道

圖2-11　　　　　　　　　　　　　　　　　　　　圖片來源：台灣工銀證券

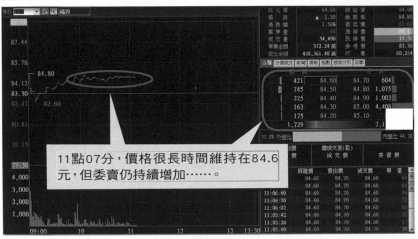

11點07分，價格很長時間維持在84.6元，但委賣仍持續增加……。

12點左右，連續幾筆超級大的買單，以很快的速度在85元消化掉之前大約4500張的委賣單。
12點02分，行情脫離85元的壓力區，來到85.3元。
此時，短線客可以趁著這股買氣進做多，畢竟多頭已經多次表態他積極買進的決心。

圖2-12

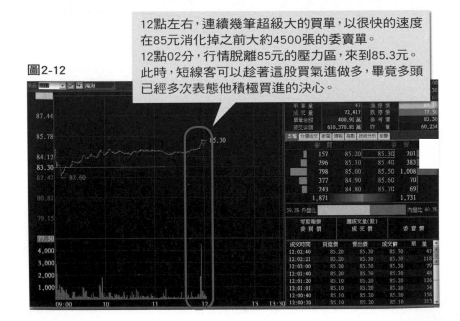

026

12點21分，市價買單很快的就將從行情從12點的85元拉到86.5元。
短線交易者在這裡就可以先跑了，因為價格上漲太快且成交量已不如12點那一波大，宜先出場。

圖2-13

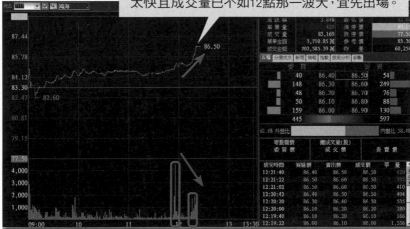

圖2-11

圖片來源：台灣工銀證券

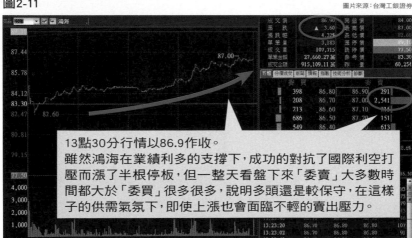

13點30分行情以86.9作收。
雖然鴻海在業績利多的支撐下，成功的對抗了國際利空打壓而漲了半根停板，但一整天看盤下來「委賣」大多數時間都大於「委買」很多很多，說明多頭還是較保守，在這樣子的供需氣氛下，即使上漲也會面臨不輕的賣出壓力。

03 買賣強弱本身就是資訊

買賣股票時，不可無視行情板上報價牌的資訊。

無論是上漲還是下跌，價格都不可能一成不變，而是上漲的股票也會下跌，下跌的股票也會上漲，它們的價格變化過程就像波浪一樣上下起伏。

因此，要想獲利，最重要的就是，首先要知道當前的股價正朝哪種方向發展，同時，隨時關注股價漲跌的力量關係，據此「趁勢買入」或「趁勢賣出」。

股價上漲時，行情板的「委賣」單量會立刻因為成交而消失。尤其行情波動很快時，往往買賣雙方都無暇對決，行情就已經大漲了，因此，不可無視這種趨勢，而應當順勢而為。

但是，上漲和下跌都不是一成不變的價格上漲，總有人想要及早獲利，而使行情出現下跌，因此，不要著急，可以等行情出現獲利回吐而下跌時尋找合適的時機。

股價上漲時，行情板上的「委賣」就會慢慢減少。但是，不要急忙去追趕這種趨勢。股價漲到一定高價後，一定會出現獲利回吐的賣出力量。應當等待隨後而來的股價下跌才進場買進。

不過，這有時也要一點運氣，有時投資人想等「下跌」時趁便宜買進，但左等右等行情完全沒有休息就直接拉上去，讓人望高價興嘆的也很常見。

這裡再以前一節「鴻海」的股價為例，加深讀者的印象。

圖3：觀察股價的方向性及時買賣

圖3-1：鴻海(11月1日 09：53：20)　　　　　　　　　　　　圖片來源：台灣工銀證券

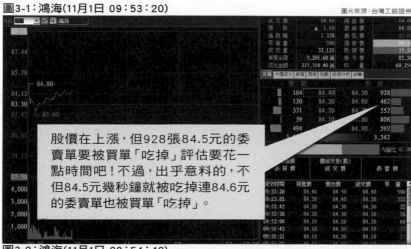

股價在上漲，但928張84.5元的委
賣單要被買單「吃掉」評估要花一
點時間吧！不過，出乎意料的，不
但84.5元幾秒鐘就被吃掉連84.6元
的委賣單也被買單「吃掉」。

圖3-2：鴻海(11月1日 09：54：40)　　　　　　　　　　　　圖片來源：台灣工銀證券

現在換84.7元的
委賣單排在第一
位。顯然，多頭買
家是很積極的。

成交明細，全都
是外盤成交。

POINT

這些是基本資訊，需要多看才能快速讀懂。為此需要經
常練習。為了看清股價的走勢，必須仔細觀察報價牌上
顯示的多空平衡關係。

① 報價牌資訊

② 買進訊號單K線

③ 買進訊號組合型態

④ 賣出訊號單K線

⑤ 賣出訊號組合型態

⑥ 勝者專訪

⑦ 【附錄】保力加通道

04 行情會吸收各種資訊

　　能夠引起股價發生最大變動的情況是－－預料之外的業績好轉或是企業接獲大訂單之類的新聞。出現這類新聞，無論整個股市行情是強是弱，股價一般是會上漲的。

　　比如，前兩節所舉例的鴻海（2317），由於媒體報導了第三季每股獲利1.8元的消息，在國際金融行情都走弱的大環境下，股價漲了3.6%，與當天國際的冷清行情形成了鮮明的對比。

　　在買賣當中，雖然可以從線圖、技術指標、行情板等等來評估行情，但仍要掌握「為什麼股價會上漲（下跌）」的理由，並估算行情大約會漲（跌）到那裡。

　　就像鴻海當天的走勢一樣，利多消息支撐著行情上升，但股價也不是一個勁兒不停地上漲，而是要一邊消化賣出一邊上升，如果能抓住時機，獲利的可能性就會很高。

　　這種獲利機會就存在於上漲後的回檔期，因此，應當仔細觀察行情板，一旦發現有下跌跡象，就可以以較低的價格買入。

圖4：股價上漲不會是一直線，常呈波浪狀

圖片來源：台灣工銀證券

從分時走勢圖看，行情回應了利多消息而出現上漲，但行情每上漲到某個程度，也會出現漲勢之後的休息，這從行情板的最佳五檔可以感覺得出來，投資人可以善用報價板的資訊，以對自己最有利的價格介入。

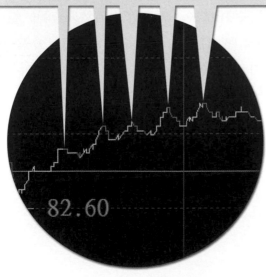

05 暴漲暴跌的新興小型股

　　股本小、上市年資輕的股票，由於在外流通股數量少，即使只有少量的買入，價格也會暴漲，即「買入的效果很大」，瞬間達到漲停板位置，這種股票幾乎每天都有。

　　在沒有經驗的投資人看來，覺得這真是「美好的股票」，輕輕鬆鬆三兩下就賺進7％漲板板，但是，投資人一定要注意，美好的事物背後一定暗藏著風險。

　　這裡舉的例子，是2011年8月才上櫃的股票樂陞(3662)，2011年11月1日，當天國際行情走勢十分虛弱，基本面樂陞也未見有任何利多消息，但開盤即直接站上漲停板，之後只有短暫的打開漲停，隨時又站在漲停板的位置。

　　這樣子類型的股票除非你是「行內的人」否則可以不用理它，因為成交量實在太少了，從行情板的資訊來看，個股前一個交易日的成交量才48張！而當天漲停板之後的委買單也仍然只有個位數。雖然也有人主張，在這種新興小股拉上漲停的第一天可以介入，等明天一開盤快速賣掉，可以賺進隔日利差，但這種方法的投機成份太高。因為流動性差（也就是成交量小）的股票，隔天從漲停打到跌停的也很多。

🌐 圖5：成交量小的新股票常反復暴漲和暴跌

圖5-1　樂陞(3662)11月1日　　　　　　　　　　　　圖片來源：台灣工銀證券

成交量小的股票，只要主力
輕輕用力就上漲停板了。

前一天的成交
量只有４８張。

圖5-2　樂陞(3662)11月2日　　　　　　　　　　　　圖片來源：台灣工銀證券

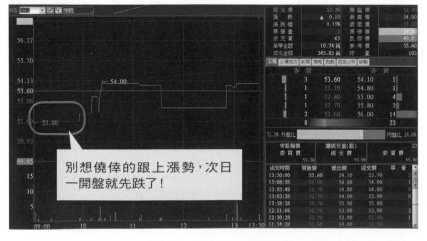

別想僥倖的跟上漲勢，次日
一開盤就先跌了！

① 報價牌資訊

② 買進訊號單K線

③ 買進訊號組合型態

④ 賣出訊號單K線

⑤ 賣出訊號組合型態

⑥ 勝者專訪

⑦ 【附錄】保力加通道

06 行情總是正確的

在股票市場上有一點資歷的人,應該都已經習慣,面對未可知的行情,任何覺得「不可思議」的價格波動都不用覺得大驚小怪,而且要隨時保持開放的價格觀,也就是要打心底認同在報價牌上顯示的行情波動,是唯一正確的股價走勢。

相對於這種「正確的」走勢,「不正確的」走勢就是投資人透過新聞或自己的研究所推算出來的走勢。

把握「正確的」這種走勢波動,對於想要通過短線交易獲利的投資者而言非常重要。而從這個意義上來看,無論哪種股票,都有獲利的機會。

本文以2011年11月2日的大立光(3008)為例,行情折騰了一整天,先是開盤大跌,之後上上下下震盪後,收盤時股價的波動是0。

但是,正如你從5分鐘K線圖上看到的那樣,股價的波動很劇烈。投資人只要能夠順勢而為,抓住漲跌機會,對行情做出靈活恰當的反應,就能獲利。

要想在短線獲利,必須先建立「行情總是正確的」,方可進行操作。

再看本例中的股價走勢,股價早上先是大跌。這個時間點上的成交量最高,參與者也最多。但是,股價跌到一定程度後,覺得「價格很便宜」的買家出現,等到上漲了一段時間,賣壓又出來了,如此反復。

短線交易就是要抓住並利用這種行情波動性。

🌐 圖6：不要逆行情而動

圖6-1 大立光(3008) 2011年11月2日)

圖片來源：台灣工銀證券

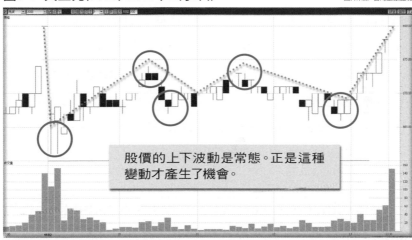

> 股價的上下波動是常態。正是這種
> 變動才產生了機會。

圖6-2

圖片來源：台灣工銀證券

| 五檔 | 分時明細 | 統計 | 新聞 | 情報 | 技術分析 | 診斷 |

委 買			委 賣	
	43	680.00	681.00	5
	5	678.00	682.00	7
	2	677.00	683.00	14
	7	676.00	685.00	11
	1	675.00	686.00	1
	58			38

成交價	680.00	成交量	1,358	昨 量	1,701
漲 跌	0.00	開盤價	667.00	參考價	680.00
漲跌幅	0.00%	最高價	680.00	漲停價	727.00
	8	最低價	661.00	跌停價	633.00

POINT

> 股價總是在變動，因此，短線交易有機會透過比較報價
> 牌的資訊和走勢圖而獲得收益。

① 報價 牌 資訊

② 買進 訊號 單K線

③ 買進 訊號組 合型態

④ 賣出 訊號 單K線

⑤ 賣出 訊號組 合型態

⑥ 勝者 專訪

⑦ 【附錄】 保力加 通道

07 　股價的波動存在有「傾向性」

　　在股價變動的節奏當中，有一種類似慣性的傾向，即，如果開始上漲了就會繼續順勢漲到一定程度；開始下跌了就會繼續跌到一定程度。因此，如果行情已經出現了下跌的趨勢「傾向性」，即便投資人用了再好的交易策略站在多頭買方，如此逆勢而行都不易獲利。相對的，投資人必須靈活利用股價的這種特點，「順潮流而動」。言下之意，如果投資人不能根據行情的發展方向，那就是跟自己較勁，不但不能獲利，反而容易虧損。

　　要想及時察覺股價的動向，本書要介紹的「5分鐘K線」是很重要的。

　　另外，股價下跌時，常見的有代表性訊號就是K線出現上影線和「陰線」。

　　反之，股價上漲時，常見的有代表性訊號就是K線出現下影線和「陽線」。

　　對短線交易來說，事實上只要不違背當時的趨勢，即使是空頭行情，只要行情有波動就會是機會。

圖7：觀察股價的走勢和每個瞬間的方向性

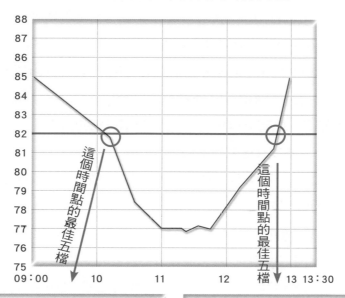

· 某甲公司(x月x日 10：10：00)			
最佳五檔			
委買		委賣	
45	81.9	82.0	980
123	81.8	82.1	562
39	81.7	82.2	55
22	81.6	82.3	189
6	81.5	82.4	220

· 某甲公司(x月x日 12：40：00)			
最佳五檔			
委買		委賣	
771	81.9	82.0	90
233	81.8	82.1	52
139	81.7	82.2	155
212	81.6	82.3	19
46	81.5	82.4	22

POINT

股價在1天當中上下劇烈波動。從報價牌來看，股價下跌時，委買力量萎縮，賣出急速增加，而上漲時，委賣又會被不斷被消化，不可錯過這種機會。

① 報價牌資訊

② 買進訊號單K線

③ 買進訊號組合型態

④ 賣出訊號單K線

⑤ 賣出訊號組合型態

⑥ 勝者專訪

⑦ 【附錄】保力加通道

08 股價常會朝已出現的方向過度發展

　　股價是人們參與的結果，不論賣還是買，只要出現了某種方向，投資人就常會出現「爭先恐後」的反應，使得行情朝向某一方向過度發展（沒辦法，只要是人就是如此）。

　　特別是，當出現了明顯的利多消息或利空消息時，由於大家都認為「這是賺錢的機會」或「不趕緊逃就糟了……」，所以無論是賣還是買，都是一哄而上，有時候就會使行情反應過度了。

　　但是，只要沒有出現極端的情況，股價就不會無限地下跌，也不會無限地上漲。因為當行情不斷的上漲時，擔心行情就要下跌的多頭買家，就會趕著賣出以落袋為安，相反的情況也一樣，因此，只要行情往某一方向走過了頭，就會到達了極限，而朝相反方向走。

　　緊密跟隨這種動向，就是投資時應掌握的要點之一。

● 圖8：行情一面常會發度發展，另一面也會自動調節

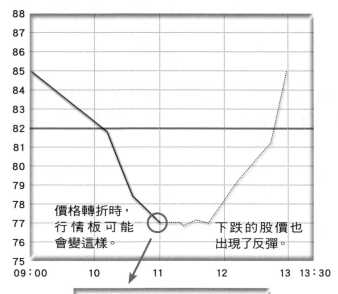

· 某甲公司(x月x日 11：10：00)			
最佳五檔			
委買		委賣	
450	76.9	77.0	90
123	76.8	77.1	52
239	76.7	77.2	55
122	76.6	77.3	19
26	76.5	77.4	20

POINT

股票在賣出潮開始後會向下過度發展。等到人們覺得價格便宜，開始湧入買單時，價格又會出現反彈⋯⋯。把握這種平衡，有助於獲利。

① 報價牌資訊

② 買進訊號單K線

③ 買進訊號組合型態

④ 賣出訊號單K線

⑤ 賣出訊號組合型態

⑥ 勝者專訪

⑦ 【附錄】保力加通道

09　強力的買賣僅靠報價牌無法看透

　　人氣股票和新的小型股常會出現意料之外的價格波動。

　　資本額較小的股票，即使只有少量的買賣，股價也會劇烈地上下波動。尤其因為網路交易簡便，採極短線的投資人很多，這讓盤中的價格波動更大，而且這種波動，僅僅通過秀在行情板上的五檔資訊，還是很難看透。因為有很大一部份是採市價下單。

　　因此，了解當前股價是在上漲?還是下跌？觀察「趨勢」，研判買賣時機，還是很重要。

　　報價牌顯示波動劇烈的股票，即使想按指定價格交易，也不知道買賣是否能夠成立。如果能看到方向性，大膽的採用市價交易，就比較能何證可以成交。而這裡的關鍵在於，買入應當趁行情明顯觸底並開始反彈時才買進；賣出最好的時機是等高價圈出現上影線時尤佳。

　　靈活地使用報價牌、走勢圖並熟悉每一根K線所代表的意義，這是成為短線高手的基本條件。

① 報價牌資訊

② 買進訊號單K線

③ 買進訊號組合型態

④ 賣出訊號單K線

⑤ 賣出訊號組合型態

⑥ 勝者專訪

⑦【附錄】保力加通道

🌐 **圖9：對付波動劇烈與成交量少的個股時……** 圖片來源：台灣工銀證券

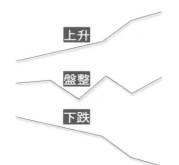

上升

盤整

下跌

最佳五檔			
委買		委賣	
450	76.9	77.0	390
123	76.8	77.1	252
239	76.7	77.2	255
122	76.6	77.3	119
26	76.5	77.4	320

POINT

報價板跳動太快，時常無法透過它來掌握行情，比方說，台指期就很難從五檔捉行情，只能做為參考，主要還是應該以行情的走勢為主。

新興市場等的股票的價格波動很激烈，即使看報價牌也很難看清股價的方向，因此，買賣時最好是一邊看走勢圖一邊看報價牌。以本例海灣科(3252)而言，因為成交量很少，才上漲停立刻就出現賣壓。

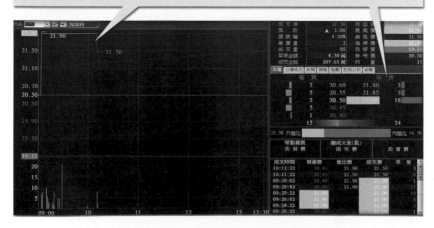

10 K線反映行情的走勢

在分鐘K線圖當中，5分鐘K線圖表示5分鐘內成交的波動情況，並以此繪製成K線。

5分鐘K線圖，一般證券商所提供的看盤軟體都可經可以做到即時盤，也就是5分鐘K線圖的形狀根據股價的即時變動而變化。這樣一來，每當報價牌上的股價發生變化，K線的形狀就會變化。這種圖能夠即時地反映報價牌的情況，以更鮮明的形式讓投資者更直觀地讀懂報價牌。

由於每根K線每隔5分鐘就會發生變化，因此，通過觀察5分鐘K線圖，能大略判斷出行情是在上漲還是下跌，也可以由5分鐘K線看出投資人對於股價的強弱感。

如果能夠用K線準確地看清股價上升或下跌的傾向，就可以因著行情開始上漲買入，開始下跌賣出而獲得收益。

圖10：5分鐘即時K線

圖片來源：台灣工銀證券

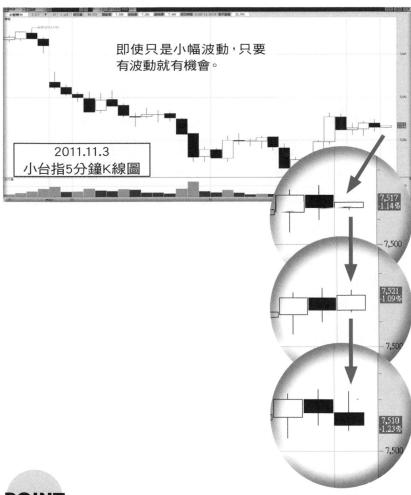

即使只是小幅波動，只要
有波動就有機會。

2011.11.3
小台指5分鐘K線圖

① 報價牌資訊

② 買進訊號單K線

③ 買進訊號組合型態

④ 賣出訊號單K線

⑤ 賣出訊號組合型態

⑥ 勝者專訪

⑦ 【附錄】保力加通道

POINT

透過大陽線、陰線、小K線……等等的組合，可以預估股
價未來將如何波動。

11 觀察沖上漲停板的個股

不論行情如何，幾乎每天都有沖上漲停板的股票。這類股票多數是比較新或是股本比較小的企業，當然，也有大型股漲停板或跌停板的，不過，通常是利空(利多)訊息極為嚴重才會出現。

對於發行數量較少或是比較新的股票，因為在外流通的股數少，只要有少量的買入，價格也會大幅波動，主力很容易操作。

這裡所舉的股票是海灣科(3252)，早先個股因故被打為全額交割股，但在2011年11月2日，因淨值已不低於財務報表所列的股本一半，所以當天恢復了普通股交割。恢復普通股交易之後海灣科聚集了人氣，價格直接沖上漲停板。類似這樣的情況在小股本的公司很常見，對於小型股來說，即使只是一些很小的利多消息，也能使股價大幅上漲。

不過，不論哪一種股票，如果波動幅度很誇張，也有可能是主力在故意使詐，需要對這種誇張的波動進行冷靜的觀察。特別需要注意的是，儘管在沖到漲停板前買進了，可是沖到漲停板後若「委賣」增加，股價大幅下跌的可能性也很大。另外，也要進一步分析支撐股票沖到漲停板的因素是什麼。如果是對該企業的價值提升有助益的利多消息，股價上漲是很自然的。但如果只有特定一小部分人無來由的強力拉上漲停板，行情可能很快會跌落。因此，需要認真監控。而看盤的重點可以觀察拉上漲停後是否委買還很多，且委賣是掛「0」，如果不是這樣，那表示市場套短利的人可能不知何時就會把股票丟出來，也有可能立刻就暴跌。

圖11：沖上漲停板的申報價會怎麼發展？

圖片來源：台灣工銀證券

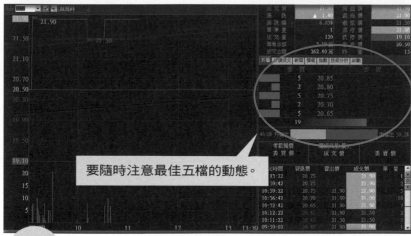

POINT

沖上漲（跌）停板的股票多數是小公司的股票，這類股票會對各種資訊做出迅速反應，但是，當這些資訊不存在後，股價暴跌的可能性很大。

① 報價牌資訊

② 買進訊號單K線

③ 買進訊號組合型態

④ 賣出訊號單K線

⑤ 賣出訊號組合型態

⑥ 勝者專訪

⑦【附錄】保力加通道

12 範例：開盤之初買進的時機

　　某甲公司是在電子領域中佔有相當市場份額的股票。前一個交易日以118元收盤，當天開盤就以上漲1元，也就是以119元開盤，第一根5分鐘就來到122元，可以看出開始屬於多頭強勢的局面。

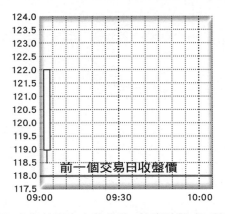

像這樣強勢的股票，在無法再向上攀升時，就應該警戒，所以，在這裡可先獲利了結，出場觀察，一邊看行情板，一邊看五分鐘線圖查看行情。若看起來價格會繼續上漲就加入買方，若認為會下跌就可放空。以賺取利差。

🌐 **圖1：**

·時間 → 09：06			
最佳五檔			
委買		委賣	
169	122.5	123.0	1181
276	122.0	123.5	325
33	121.5	124.0	49
13	121.0	124.5	31
3	120.5	125.0	16

從圖1.可以看到從119元開始上漲的股票，在到達123元之後「想賣」的人變多了，掛在委賣第一排的1181張，跟掛在委買第一排的169張相比，聲勢完全被賣方淹沒。從這個交易行情來看，行情上再繼續上漲壓力很大。

● 圖2：

·時間 → 09：07			
最佳五檔			
委買		委賣	
65	121.0	121.5	43
6	120.5	122.0	50
23	120.0	122.5	12
19	119.5	123.0	64
58	119.0	123.5	166

從圖2.可以看出股價瞬間向123.5跌到121.5。不管委買還是委賣，最佳五檔的數字都變得很小。這麼看來，還可能會進一步下跌。整個交易板面看起很冷清，總數加起來委賣比委買多。

● 圖3：

·時間 → 09：09			
最佳五檔			
委買		委賣	
6	120.5	121.0	165
16	120.0	121.5	63
59	119.5	122.0	27
109	119.0	122.5	38
2	118.5	123.0	53

從圖3.可以看出量很少，且賣方的力量較強。早上股價強勢上攻，但隨後股價上下波動，幾乎要回到原點。

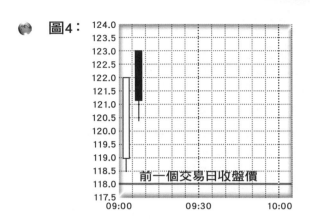

圖4：

可以從圖4的5分鐘K線圖確定。上漲壓力明顯很大。股價上漲後出現了陰線，表示股價向下移動，因此在這個價位附近放空單是明智的選擇。

圖5：

·時間 → 09：11			
最佳五檔			
委買		委賣	
64	121.0	121.5	55
2	120.5	122.0	56
19	120.0	122.5	1
2	119.5	123.0	35
11	119.0	123.5	6

下跌時常見的情況是最佳五檔的委買委賣數字都很小，顯示出人氣離散。與早上的熱鬧滾滾相比，現在都是個位的單量，顯得非常少。已經看不到追高價買進的人氣了。好像「噗哧」溜一下，人都跑光了。

圖6：

·時間 → 09：13			
最佳五檔			
委買		委賣	
11	120.5	121.0	5
2	120.0	121.5	1
57	119.5	122.0	36
102	119.0	122.5	289
62	118.5	123.0	2

從圖6.可知，行情從最高123元，已經跌到現在的121元。開盤價是119元，在圖6只看得出同樣在119元有比較大的買單掛在那裡，但除此之外，還是看不到什麼大的買進。雖然119元處有一筆102張的買單，可是，看起來並不覺得它可以撐得起讓行情上升的力量，但因為它在「開盤價」的關鍵位置，且看起來是有人在這裡買進，所以，可以考慮把這裡設為放空後空單回補的買進點。

圖7：

·時間 → 09：32			
最佳五檔			
委買		委賣	
10	118.0	118.5	84
67	117.5	119.0	26
118	117.0	119.5	3
32	116.5	120.0	11
58	116.0	120.5	233

圖8：

從圖7.與圖8.的5分鐘K線圖來看。現在股價比開盤價還要低，而原先放空的股票，則有機會在119元順利回補。

13 範例：抓住熱點早上下跌後的反彈

　　這裡的範例乙公司是手機零組件知名的企業，也是外資與本土法人很喜愛的股票。

　　前一天美股大跌，台股表現也不佳，乙公司先是以跌1元開盤（前一天收319元），但開盤後行情急速上漲，從318元第一根5分鐘K線就漲到328元，但由於投資人獲利了結，股價開始下跌，之後則出現很長的下影線。從那根長下影線看此來似乎會有反彈行情，但行情會上漲到哪呢？還是會繼續下跌呢？一面看最佳五檔的變化，一面看K線察覺變化這在短期交易中是必要的。

 圖1：

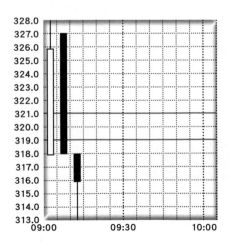

● 圖2：

・時間 → 09：15			
最佳五檔			
委買		委賣	
1	316.0	316.5	191
43	315.5	317.0	400
42	315.0	317.5	7
119	314.5	318.0	82
13	314.0	318.5	33

乙公司一早股價上漲到323元時，大盤指數整體下跌超過了100點，從這個角度看，因為大環境不好，乙公司雖然開盤之後行情上漲，但在這裡遇到壓力是很可以理解的，一旦再上漲一點，賣出壓力有可能變大。9點15分時，已經跌破開盤價，並急速下跌。問題是會繼續下跌嗎？還是會出現反彈？從9點15分的最佳五檔來看，賣壓還很重。

● 圖3：

・時間 → 09：16			
最佳五檔			
委買		委賣	
70	316.5	317.0	17
10	316.0	317.5	24
18	315.5	318.0	19
2	315.0	318.5	2
15	314.5	319.0	39

前一分鐘記錄的316.5元的委賣有191張，已經被買盤「吃掉」了，317.0元原有400張「委賣」也被買盤「吃掉」只剩下24張，目前行情只高了0.5元，但可值得期待的是，委賣部份並沒有看到比較大的委賣單量。

另外，委買目前還看不到很大量的委買量，一般行情剛開始要上漲時，通常都是類似這樣子，也就是原先的大量委賣被買盤消化掉，掛買單的都還來不及掛，所以委買的勢力看起來還很弱。但是不是真的要上漲了呢?還是繼續看。

① 報價牌資訊

② 買進訊號單K線

③ 買進訊號組合型態

④ 賣出訊號單K線

⑤ 賣出訊號組合型態

⑥ 勝者專訪

⑦ 【附錄】保力加通道

● 圖4：

·時間 → 09：16			
最佳五檔			
委買		委賣	
76	317.5	318.0	16
49	317.0	318.5	6
25	316.5	319.0	6
8	316.0	319.5	18
15	315.5	320.0	51

從圖4.來看，委買變多了，在這裡可以掛318.0元買進，這檔股票今天大有逆勢抗跌的勢頭，反彈的意圖濃厚，且賣出量變少，也沒有看到大量的委賣單掛在上面。

● 圖5：

·時間 → 09：18			
最佳五檔			
委買		委賣	
3	320.5	321.0	56
5	320.0	321.5	310
43	319.5	322.0	173
2	319.0	322.5	53
43	318.5	323.0	17

從圖5.前一分鐘在最佳五檔上的委賣單全都被「吃掉」了，行情漲到了321.0元，目前排委賣第一排的有56張，並不算太大的單子，委買的部份看起來比較弱，但急漲通常有這種現象，依這種氣勢看，應該還會再上漲。

● 圖6：

· 時間 → 09：22			
最佳五檔			
委買		委賣	
10	322.5	323.0	10
1	322.0	323.5	88
62	321.5	324.0	69
74	321.0	324.5	10
1	320.5	325.0	9

圖6.跟圖5比較一下，原本看起來有點壓力的委賣單子幾乎都被買單「吃掉」了，行情順利上漲到323元。這樣持續下去相當不錯，需要密切關注。

● 圖7：

· 時間 → 09：24			
最佳五檔			
委買		委賣	
1	325.5	326.0	2
1	325.0	326.5	27
6	324.5	327.0	6
11	324.0	327.5	7
54	323.5	328.0	26

圖7.可以看到股價上漲到了326.0元。很明顯是回升。委買部份雖然看起來很單薄，但只要沒有賣出，就會上漲。如果能量足，就會漲的更高。

圖8：

· 時間 → 09：25			
最佳五檔			
委買		委賣	
1	326.5	327.0	15
41	326.0	327.5	32
2	325.5	328.0	23
209	325.0	328.5	43
3	324.5	329.0	41

圖8.行情來到327元，已經超過了前一個收盤價，變成上漲的股價了。接著我們來看圖9.的5分鐘K線圖。

圖9：

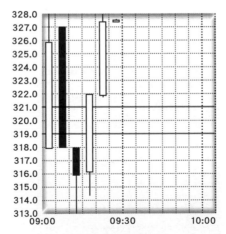

在2根陰線的後面，3根陽線反攻。由於上漲帶著下影線，所以氣勢不會僅限於此。在出現大的委賣單之前，仍可以繼續追擊。

14 範例：狙擊暴漲後的平穩突破

　　以下範例是國內備受關注的一家蘋果概念股，在受到全球金融動盪的歐債危機之後，這家公司也歷經一波股價下跌，但在國際局勢穩定之後，5日線超過20日線，呈現黃金交叉。因為個股的本業表現很強，獲利佳又有熱門的電子技術專利，趁著黃金交叉與國際金融初恢復元氣的氣勢，如果追隨這個上漲勢頭，不知能達到什麼價位？

　　早上的開盤，開在前一天收盤價288.0元，非常平靜。隨後保持平穩，且看起來上漲的壓力似乎很大。但行情在盤整狀態結束後股價強勁上漲，並且一口氣就上漲到了291.5元，之後又稍稍回檔。早上看盤時並沒有發現這檔股票有很強的勢頭，但能漲到這種程度，是有點意外，現在行情是要回檔了嗎？還是會繼續上漲呢？

 圖1：

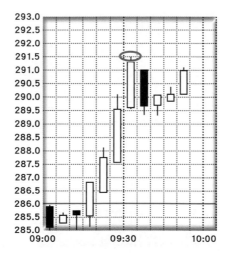

圖1.是5分鐘K線圖，接下來是否會漲超過之前的最高價291.5元成為這個圖的關鍵。

圖2：

· 時間 → 09：57			
最佳五檔			
委買		委賣	
50	290.0	290.5	20
110	289.5	291.0	30
30	289.0	291.5	60
20	288.5	292.0	270
180	288.0	292.5	150

圖2.中看出，現在價格是290.5元，距離之前評估的291.5元已經快接近了，而且，看起來也沒有什麼大量的賣出委託。很令人期待。

圖3：

· 時間 → 10：10			
最佳五檔			
委買		委賣	
150	292.0	292.5	150
140	291.5	293.0	190
10	291.0	293.5	120
50	290.5	294.0	200
100	290.0	294.5	20

圖3.中，股價來到了292.0元。我們可以從這買進。平穩狀態中突破是買進的暗示。目前從最佳五檔仍沒有看到大的賣盤。所以不用擔心。

● 圖4：

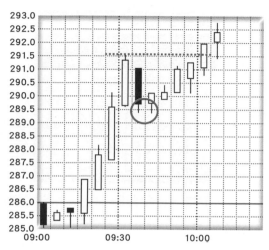

圖4.從5分鐘K線圖中,可以確認平穩狀態的突破勢頭已經明朗化了。從這開始追擊應該沒有問題。從中段出現的2根下影線可以看出低價買進的勢頭。

● 圖5：

·時間 → 10：20			
最佳五檔			
委買		委賣	
50	293.0	293.5	100
100	292.5	294.0	270
50	292.0	294.5	80
120	291.5	295.0	50
110	291.0	295.5	130

圖5.可以看到股價漲到了293元。從這開始活躍起來了。在294元處出現了一個比較大的賣盤270,但也還不算是非常大的賣量,所以還可以繼續跟進。

① 報價牌資訊

② 買進訊號單K線

③ 買進訊號組合型態

④ 賣出訊號單K線

⑤ 賣出訊號組合型態

⑥ 勝者專訪

⑦【附錄】保力加通道

🌐 **圖6：**

·時間 → 10：30			
最佳五檔			
委買		委賣	
20	294.0	294.5	120
30	293.5	295.0	170
40	293.0	295.5	410
30	292.5	296.0	10
30	292.0	296.5	70

圖6.中，股價幾乎不回頭的一口氣漲到了294元。形勢非常好。似乎還能上漲。雖然在295.5元出現了410張股的賣盤，但如果能超過295.5元，上漲勢頭應該會更強。需要繼續關注。

🌐 **圖7：**

·時間 → 10：35			
最佳五檔			
委買		委賣	
50	295.0	295.5	100
100	294.5	296.0	270
50	294.0	296.5	80
120	293.5	297.0	50
110	293.0	297.5	130

圖7.可以看出，原本很擔心的295元很大的賣現在已經被買單吃掉了。勢頭繼續保持。委買看起來平平的，但是追高價的買進委託不斷湧現。這是在交易中可以以理想價位輕鬆獲利的形勢。

圖8:

通過看圖8.，發現290元附近的盤整，只是上漲途中的一個小回檔。過了那個小關卡，只要整體大環境很好，5分鐘K線圖上其實常常會看到那種幾乎不出現陰線一路向上衝的圖形，當然，投資人也要一邊看行情板，以確認沒有大賣出的壓力！

① 報價牌資訊

② 買進訊號單K線

③ 買進訊號組合型態

④ 賣出訊號單K線

⑤ 賣出訊號組合型態

⑥ 勝者專訪

⑦ 【附錄】保力加通道

Part 2

五分鐘K線
買進訊號

（單一K線）

01 帶下影線的陽線

在短線交易中，機會最多的時候是早上最初的30分鐘內。這個時間段，往往是一天中參加交易者最多的時候，因此，價格波動和成交量也很多，買賣很容易。

這個時間內最容易交易獲利的時機是，如下一頁的圖內所示，股價低開後，有人覺得價格便宜於是出手買入，股價大幅反彈。

這時候，就出現了表示「下跌下限」的「下影線」。

這是成功率很高的「買入信號」，如果出現這種信號，做法就是果斷地買進。這麼做，通常可以取得一定利潤的價差。

當然，在劇烈上漲之後，也會出現獲利了結性的賣出，讓走勢出現暫時僵持的局面，對短線交易來說，這裡就可以賣出了。

總之，早上最開始的價格波動是從低價大幅反彈時，是價格很難下跌的證明，因此，走勢圖就變成「有利於買方」。

由於短線交易要求在很短的時間內見到勝負，因此，一旦出現了上述明確的走勢圖，就必須毫不猶豫地買入。

○　**圖1：開盤後帶下影線的陽線**

圖片來源：XQ全球贏家

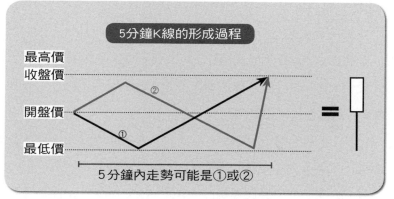

5分鐘K線的形成過程

最高價
收盤價
②
開盤價
①
最低價

5分鐘內走勢可能是①或②

=

8：45第一根5分鐘K線

在無法繼續創新高而出現盤整時賣出。

跟隨強力上漲的走勢買進。

股價上漲時成交量也急劇增加。

2011年10月28日
電子期5分鐘K線圖

POINT

開盤後的5分鐘K線是「帶下影線的陽線」，表示在價格底部的買入意願很強，說明有很多看漲的投資人買入，因此股價繼續上漲的可能性很大。

① 報價牌資訊

② 買進訊號單K線

③ 買進訊號組合型態

④ 賣出訊號單K線

⑤ 賣出訊號組合型態

⑥ 勝者專訪

⑦【附錄】保力加通道

02　出現否定下跌走勢的大陽線

　　行情總是根據賣和買的平衡關係形成的。早上如果美股下跌了，即使股票再優秀，也會在看跌的心態下被賣出。

　　本節列舉的宏達電（2498），是國內知名的企業，它的HTC手機一向備受好評，獲利能力、創新能力與經營品牌的能力也受到國內外投資人的肯定。像這樣的優質企業，當大環境不好而股價出現下挫時，請留意止跌的訊號。

　　例如，本圖的例子，受到美股表現不佳的影響，宏達電早盤以低價開出，且第一根5分鐘K線還是很讓人感覺氣氛很低的帶上影線陰線，但接下來一根長陽線直直的拉上來，否定了一早的下跌走勢，看跌氣氛在此萎縮，買方力量就會占上風，於是股價奮起直追逐漸走高。

　　行情變動有一種傾向是，也就是一旦看跌的賣出減少後，買入就會馬上增加。

　　當然，這也是因股而異，業績良好的股票，很可能在低開後大陽線節節上升帶動股價上漲。但若本身體質就不好的股票，卻不一定如此。請讀者要分辨清楚。

　　在5分鐘K線圖，清楚地反映了行情板多空平衡的變化。陽線持續，表明買方勢力極強，因此，可以理解為這種狀態會一直持續，直至出現高價盤整。總之，以陽線突破低迷走勢，是非常有利於獲利的類型，這是基本常識，一定要記住。

圖02：否認陰線的大陽線

圖片來源：XQ全球贏家

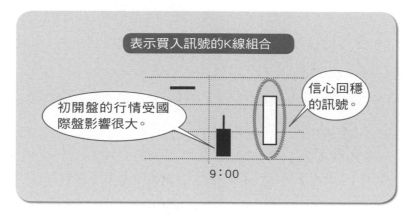

表示買入訊號的K線組合

初開盤的行情受國際盤影響很大。

信心回穩的訊號。

9：00

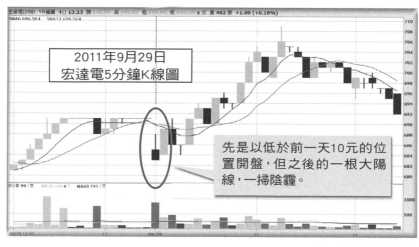

2011年9月29日
宏達電5分鐘K線圖

先是以低於前一天10元的位置開盤，但之後的一根大陽線，一掃陰霾。

POINT

如果在出現了多根陰線之後又出現了大陽線，表明買入力量佔據上風，股價追高的可能性很大。

① 報價牌資訊

② 買進訊號單K線

③ 買進訊號組合型態

④ 賣出訊號單K線

⑤ 賣出訊號組合型態

⑥ 勝者專訪

⑦【附錄】保力加通道

03 當陰線孕育出小陽線時

　　走勢圖反映行情背後所隱藏投資人的心理。

　　行情出現一段跌勢，最後出現一根很大的陰線，這裡的大陰線有可能是沒信心再等下去的投資人一口起拋售的最高潮，那就表明這是賣出的極限。如果在這根大陰線之後再出現一根小陽線，且小陽線的開盤、收盤都在長陰線的實體內，可以判斷為這是買入信號。

　　在這種行情下，由於在「孕育」的信號之後報價牌上的高價（「委賣」）被迅速消化，因此，明智的做法就是毫不遲疑地按市價買入。

　　買進以後，從行情板上看到最佳五檔中委買申報價逐漸變得無力而賣出增加時，就可以賣出獲得收益。

　　這種「孕線」不僅會出現在行情底部，也可能出現在跌勢中途。因此，這種信號是很常見的，應當多使用。

　　出現了「孕線」，並不代表股價100%會追高。如果市場上出現了不利的消息，走勢圖很容易就會變壞，因此務必要注意。

　　走勢圖生動地反映了買方與賣方的供需關係，但它同時也受整個行情的左右。因此，要養成同時查看大盤走勢圖的習慣。

圖03：長陰線包著小陽線的時候

圖片來源：XQ全球贏家

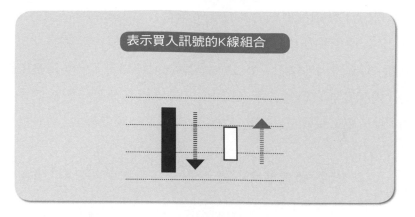

表示買入訊號的K線組合

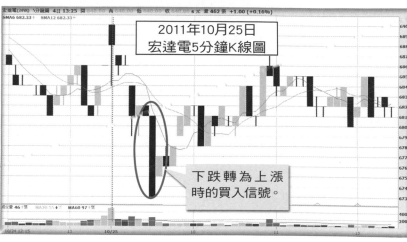

2011年10月25日
宏達電5分鐘K線圖

下跌轉為上漲
時的買入信號。

POINT

陰線「孕育」著小陽線時就表示買方占了上風，股價上
漲的可能性增強。這個信號在散戶間很流行，要及時作
出反應。

① 報價牌資訊

② 買進訊號單K線

③ 買進訊號組合型態

④ 賣出訊號單K線

⑤ 賣出訊號組合型態

⑥ 勝者專訪

⑦【附錄】保力加通道

04 下降途中，下影線重疊

　　先看右圖的例子，10月27日當天，宏達電以低價開盤，第一根是一根上下影線都很長的高浪線(陀螺線)，這表示的是多空對決。接下來，股價站在或是多頭獲勝或是空頭獲勝的十字路口，所以下一根K線就是十字線了，第三根是陰線，但卻是帶了一根長長下影線，說明底部有買盤接手，第四根又是一根有著長下影線的十字線。由於第五根線已經出現大陽線，因此走勢圖就變成「有利於買入」。

　　這就是說，雖然股價下跌了，但是在價格底部覺得「價格便宜」而買入也增多了。

　　這樣的話，買入就會迅速增加，股價也是步步上升。從最佳五檔來看，高的申報價(委賣)逐漸被消化，很快的，申報價的位置就升高了。

　　如果當時有注意看即時行情板的話，就會發現報價牌上的交易數量很多。可以看出股價表現得多麼強勢。

　　看到這個走勢圖，可能有人會後悔：「如果早點買該多好……」。所以，投資人以後要留意，當看到前面這3根K線帶著長長的下影線幾乎重疊並排時，就應該早一點大膽出手了。

　　在短線交易當中，如何儘早讀出信號迅速採取行動，是成敗的關鍵。應當及早動手以有利價格買入，再在差不多合適的價位上將其賣出獲利了結交易。

圖04：2根以上的下影線重疊對買入有利

圖片來源：XQ全球贏家

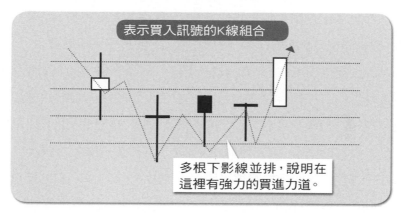

表示買入訊號的K線組合

多根下影線並排，說明在
這裡有強力的買進力道。

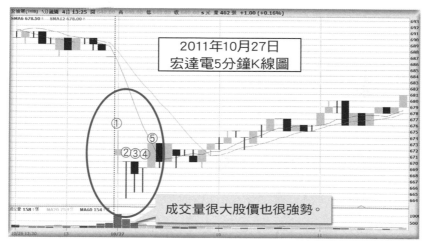

2011年10月27日
宏達電5分鐘K線圖

成交量很大股價也很強勢。

POINT

開盤時股價急劇下跌，若出現兩根以上的下影線。說明
下跌到一定程度時就有準備買入的力量在等待。從下
跌的力度來看，表明買方力量占了上風，將上漲。

① 報價牌資訊
② 買進訊號單K線
③ 買進訊號組合型態
④ 賣出訊號單K線
⑤ 賣出訊號組合型態
⑥ 勝者專訪
⑦【附錄】保力加通道

05 一開盤就是十字線，看下一根K線

　　早上最早出現的K線是十字線，是「讓人困惑」的信號。換言之，就是「不能判斷是漲是跌的迷局」。觀察的重點在於，如果下一根K線是陽線，接著又出現了更強的陽線，就必須果斷地買入。

　　由於陽線出現在「不知會往何處走」的十字線之後，顯然大部份投資者的回答是「往高處走」。此時可以迅速做出判斷：「適合買入」。不過，短線交易者「保持開放態度」是一定要的，以下列舉了同是聯發科的例子，兩天開盤K線都是「十字線＋陽線」的組合，10月4日的組合，說明行情脫離了底部迅速拉高，但10月11日的組合，則因為次一根陽線衝太快且出現不短的上影線，說明高檔區已經出現賣壓，短線客在這裡就不能戀棧。

　　另外也必須牢記：價格漲到一定程度後就會出現「賣出」。短線投資者都不宜深追。

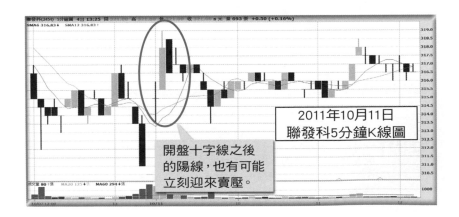

2011年10月11日
聯發科5分鐘K線圖

開盤十字線之後
的陽線，也有可能
立刻迎來賣壓。

图05：出現十字線行情交由下一根K線判斷 圖片來源：XQ全球贏家

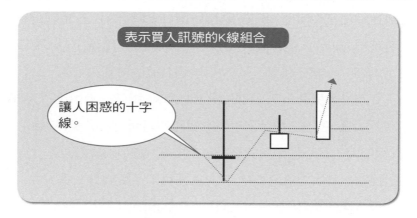

表示買入訊號的K線組合

讓人困惑的十字線。

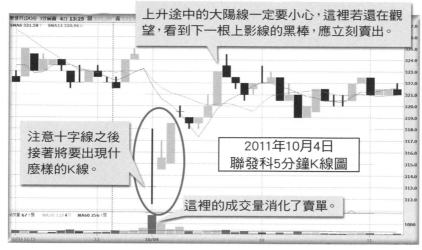

上升途中的大陽線一定要小心，這裡若還在觀望，看到下一根上影線的黑棒，應立刻賣出。

注意十字線之後接著將要出現什麼樣的K線。

2011年10月4日
聯發科5分鐘K線圖

這裡的成交量消化了賣單。

①報價牌資訊

②買進訊號單K線

③買進訊號組合型態

④賣出訊號單K線

⑤賣出訊號組合型態

⑥勝者專訪

⑦【附錄】保力加通道

POINT

一開盤就是讓人困惑的十字線，由下一根K線來決定走勢。

06 多根小十字線後暴漲

　　一早開盤後的K線是2根以上小陰線小陽線並排。也就是說，行情在這裡呈現盤整、膠著，數度股價「回歸原位」，行情在這裡，是看不出方向的，但是若在這種盤整局面之後出現了「大陽線」時，就表明「突破了盤整」，此時可以視為強力的買入信號。

　　右圖是台指期10月24日的5分鐘k線圖，跟前一天相比，行情開高將近50點，但在這裡就出現多空對峙的局面，從5分鐘k線圖上來看，很明顯的是一個盤整的局面，但第5根k線卻出現「暴漲」，空頭在這裡顯然沒有力氣再抵抗了，在這裡可以果斷地加入買方。

　　像這樣的圖形，當行情上漲一段時間後無法繼續創新高，或出現比較長的上影線時，就應該斷然獲利出場。

　　像這樣，「跟隨買入信號迅速出手買入，到達上限時就果斷收手賣出」這種投資方法是短線交易的基本規則之一。正確地應用這種規則，就容易短線狙擊成功，當發現價格有「漲不上去」的疑慮時就馬上撤退且不要貪心，是一條短線交易的鐵則。

　　早上，股價突破盤整順利上漲時，買賣成交量也急劇增加。在買方佔優勢的情形下，報價牌上的高價一個個被消化。如果看不到這種變化，短線交易肯定做不好。

圖06：盤整後暴漲應當買入

圖片來源：XQ全球贏家

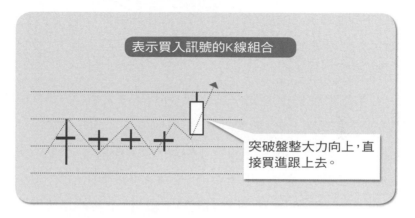

表示買入訊號的K線組合

突破盤整大力向上，直接買進跟上去。

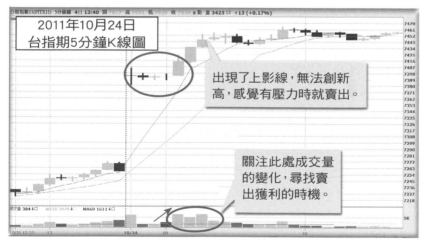

台股指數11(FITX11) 5分鐘圖 4日 13:40 開 7617 高 7631 低 7610 收 7630 s點 量 3423 口 +13 (+0.17%)

2011年10月24日
台指期5分鐘K線圖

出現了上影線，無法創新高，感覺有壓力時就賣出。

關注此處成交量的變化，尋找賣出獲利的時機。

POINT

開盤後小陰小陽盤整，股價突破該水準而上漲時，就是看漲態度的有力證據。股價容易暴漲。

① 報價牌資訊

② 買進訊號單K線

③ 買進訊號組合型態

④ 賣出訊號單K線

⑤ 賣出訊號組合型態

⑥ 勝者專訪

⑦ 【附錄】保力加通道

07 多根下影線之後出現小陽線

　　股價因疲軟而連續出現陰線，但是跌到一定程度後，購買的力量「分批」進入，從股價圖上看，就會發現在雖然行情在下跌，但K線下方都帶著很長的下影線，可以說，價格已經到達了「賣出底線」。

　　以本例來看，由於這是5分鐘K線，所以下跌途中15分鐘內出現了3次跌下去又漲上來，顯然，股價下跌到底部又回升的情況是頻繁發生的。而在此之後，又出現了小陽線，從這裡來看，看跌的賣方示弱放棄了賣出。從多空平衡看，也是買入多於賣出。那一根小陽線可以視為上漲勢力和下跌勢力展開了較量，但最終是買方力量獲勝。所以這個信號表明股價即將開始上漲。

　　因此，碰到這樣的圖形，在看到出現2根下影線時，就要視為「下跌下限」，並果斷買入。

　　股價形成於買賣過程中，即使買只比賣「稍微」占了一點優勢，也會出現這種走勢圖。

圖07：跌勢中2根以上下影線表明賣出終結　　圖片來源：XQ全球贏家

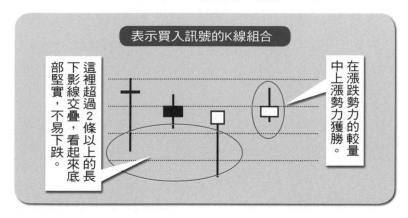

表示買入訊號的K線組合

這裡超過2條以上的長下影線交疊，看起來底部堅實，不易下跌。

在漲跌勢力的較量中上漲勢力獲勝。

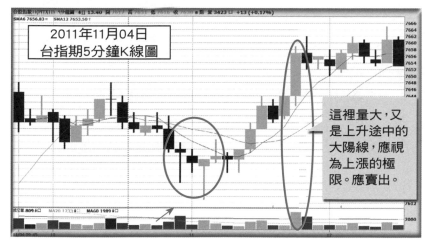

2011年11月04日
台指期5分鐘K線圖

這裡量大，又是上升途中的大陽線，應視為上漲的極限。應賣出。

POINT

下跌途中雖然出現了多根陰線，但都有很長的下影線且並排，說明在價格底部買入很多，顯示底部堅挺。因此，在此處買入等待漲價是明智的交易方法。

① 報價牌資訊

② 買進訊號單K線

③ 買進訊號組合型態

④ 賣出訊號單K線

⑤ 賣出訊號組合型態

⑥ 勝者專訪

⑦ 【附錄】保力加通道

08 連續多根小陽線

行情大幅上漲之後，接著往往是下跌。與此相比，若行情是慢慢慢慢的分批上漲，一邊消化賣壓一邊上漲，像這種情況，從圖形上來看就是連續出現多根小陽線，一般說來，這種屬於消化賣出的上升，只要沒有重大情況，就不會出現很大的賣出量，常可以穩定的上升。

出現這種走勢時，在最開始的階段就發現時可以不必害怕而大膽買入。由於它不是突然的暴漲，因此不用太「著急」獲利了結，可以在大陰線出現之前繼續持有。

在小陽線不斷出現的圖形中，如果陰線持續出現，就要果斷地賣出撤離，但如果陰線只出現小小的一根，那還是可以等待。雖然暴漲是很好的動向，但是在投資當中，某種程度的「等待」也是一種策略，這就需要在看走勢圖時能夠忍耐。

短線交易保守很重要，但是像小陽線連續出現時，表示買方佔上風，這時候就不要過度著急要出場，可以一直持有直至出現了顯著的下跌。這種方法是在股價上漲時獲取很大收益的重要因素。

圖08：小陽線的連續出現表示行情穩定

圖片來源：XQ全球贏家

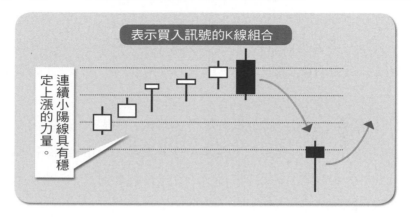

表示買入訊號的K線組合

連續小陽線具有穩定上漲的力量。

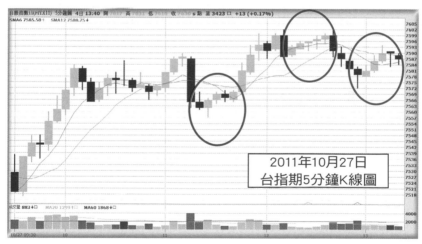

2011年10月27日
台指期5分鐘K線圖

POINT 小陽線連續出現股價一直上升，雖然出現獲利了結的陰線，但是很快又出現否定這種趨勢的下影陰線。連續的小陽線，顯示股價上漲力量的穩定性。

①
報價
牌
資訊

②
買進
訊號
單K線

③
買進
訊號組
合型態

④
賣出
訊號
單K線

⑤
賣出
訊號組
合型態

⑥
勝者
專訪

⑦
【附錄】
保力加
通道

09 抓住 暴漲→盤整 之後

　　股價暴漲後，常見的情況是獲利了結的賣壓出籠，隨後股價下降或進入調整狀態。

　　但是，若像本例一樣，行情暴漲後出現了盤整，且小陽線也持續出現，就表明賣出壓力很小，買方力量占了上風，因此，之後股價逐步走高的可能性也很大。

　　這樣的走勢雖然其中也有雜一些陰線，有很多人就會在出現陰線時賣出，不過，像這樣的走勢，做多頭會好一點，雖然利潤不一定很大，但有機會像這裡的例子，在一段盤整之後，多頭休息夠了就繼續猛攻。

　　另外，這樣的走勢又可分三種情況來說明，第一種是投資人一早就買進，出現暴漲的盤整，若有利潤產生可以先賣出，等到盤整之後又要再進入第二次進攻時再買進。第二種是投資人沒有搶在暴漲之前買進，那麼就等第二次進攻時再買進。第三種情況是，已經買進了，但行情在盤整的過程中有愈來愈跌的傾向，而且幾乎蝕掉到已經到手的利潤，那麼，還是賣出再等待時機吧。

● **圖09：小陽線的連續出現表示行情穩定**

圖片來源：XQ全球贏家

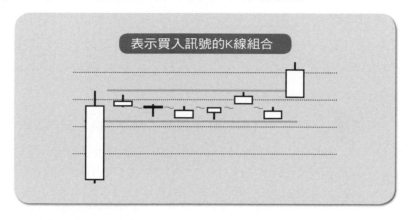

表示買入訊號的K線組合

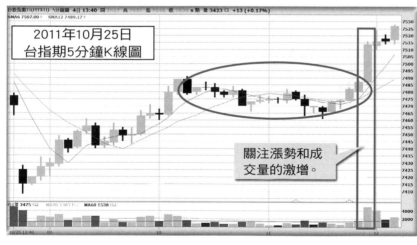

2011年10月25日
台指期5分鐘K線圖

關注漲勢和成
交量的激增。

POINT

高檔的小陽線是穩定的行情，有可能上漲也有可能下
跌，若持續很久，還是應該先賣出為宜。

① 報價牌資訊

② 買進訊號單K線

③ 買進訊號組合型態

④ 賣出訊號單K線

⑤ 賣出訊號組合型態

⑥ 勝者專訪

⑦ 【附錄】保力加通道

10 抓住跳空上漲的趨勢

　　先來看右頁的股價圖。當天行情是向下開盤，雖然第一根5分鐘K線是陰線，但下影線不算短，所以，很值得期待，最漂亮的是第二根K線，出現了前面所說的「陰孕陽」的型態，理論上，在這裡就可以出手買進了，接著出現了跳空上漲。這對於行情而言是非常強烈的信號，一定要果斷地買入。

　　所謂跳空，是指買入勢力增強股價上漲。這是人氣暴漲的證據，表明與之前的5分鐘K線的時候相比成交量發生了倍增。方向明顯是上行的。

　　在下一個階段，「大量購買」勢力進入，價格急劇上漲。

　　對於這種走勢，毫不遲疑地抓住是應遵循的交易鐵則。

　　此後股價猛烈上漲。

　　對於短線交易來說，考慮到風險，也為了保有最大利潤，一面要看行情走勢，另一面也要關注亞洲其他國家股票的動向，像這樣強勢的上漲，通常整個亞洲的市場也都是一起上漲的局面。但萬一亞洲其他國家出現不利的消息，這樣的漲勢也可能受影響。

🌐 圖10：跳空向上是很強烈的上漲訊號

圖片來源：XQ全球贏家

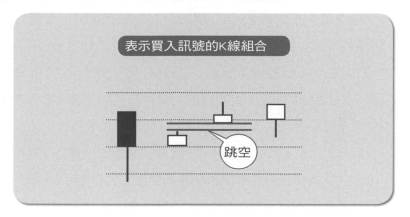

表示買入訊號的K線組合

跳空

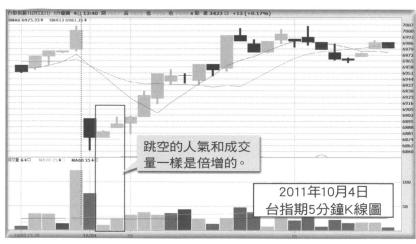

跳空的人氣和成交
量一樣是倍增的。

2011年10月4日
台指期5分鐘K線圖

POINT

早上出現陰孕陽，從那裡開始行情板上的申報價向上攀
升，跳空是行情續強的有力證據。應該果斷抓住形勢。

① 報價牌資訊

② 買進訊號單K線

③ 買進訊號組合型態

④ 賣出訊號單K線

⑤ 賣出訊號組合型態

⑥ 勝者專訪

⑦【附錄】保力加通道

11 下跌後的陀螺線

一般價格上漲有兩種，一種是因為投資人「追價」，也就是覺得行情將繼續上漲而買進，另一種的上漲是受到賣出太超過的影響，讓投資人認為「在這裡價格很便宜」。下跌的過程中，出現小陀螺線，之後又出現一根確認「止跌」的陽線，就是屬於後者。行情走到這裡，這是賣出的極限，表明買方力量開始佔據上風。看到這種形勢的買方會感覺到這是「賣方的終結」開始抄底價。

這時候，之前一直在賣出的一方就會放棄賣出而轉為「順勢買入」，因此，行情就容易會蹭蹭蹭地順利上漲。以本例而言，甚至出現跳空的強烈上升。

不過，像這樣的圖形，也需要關注股價將會漲到何種水準。因為，這種上漲不會長期持續，所以，必然會出現獲利性的賣出，因此，在行情即將下跌之前，應機敏的賣出，以使帳面收益轉為現實收益。

行情下跌時應注意的是「將在哪裡止跌」。由於一定會出現反彈上升的信號，因此不能錯過這種時機。

圖11：價格底部出現陀螺線，有機會上漲　　圖片來源：XQ全球贏家

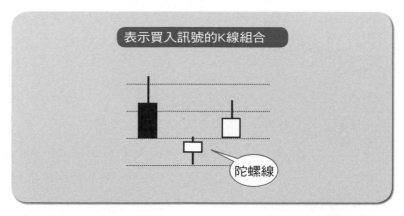

表示買入訊號的K線組合

陀螺線

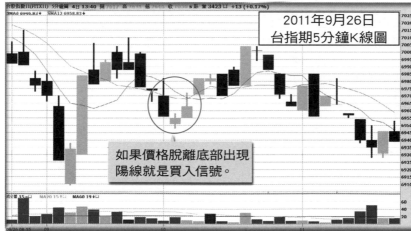

2011年9月26日
台指期5分鐘K線圖

如果價格脫離底部出現
陽線就是買入信號。

① 報價牌資訊

② 買進訊號單K線

③ 買進訊號組合型態

④ 賣出訊號單K線

⑤ 賣出訊號組合型態

⑥ 勝者專訪

⑦【附錄】保力加通道

POINT

股價下跌後，在價格底部出現小陽線，之後又出現確認底部的陽線時，表明價格從底部開始反彈，是買入信號。

12 跌勢中的十字線＋下影陽線

　　跌勢中出現了代表困惑的十字線，之後出現了下影陽線，可以說，本來行情在迷惑應該向上或向下，但下影陽線已經表態，雖然還不到向上漲的程度，但已經出現「止跌」訊號。因此，表明未來走勢是上漲的。

　　不過，這種走勢的繼續發展，當中常會混入了一些陰線，但僅停留在獲利了結的程度，行情基本上還是一直上漲的。

　　當早上行情出現下跌時，應該要認真觀察何處有「買入信號」，如果入市方式恰當，也就是趕對了時機，賺進差價的機會就很大，如果錯過時機在漲勢結束後才進入，就是太遲了。

　　閱讀這個走勢圖的關鍵在於出現一根十字線之後立刻出現下影陽線，投資人是否已做好迅速應對的準備。

🌀 **圖12：否定陰線的下影陽線表示應當買入**　　圖片來源：XQ全球贏家

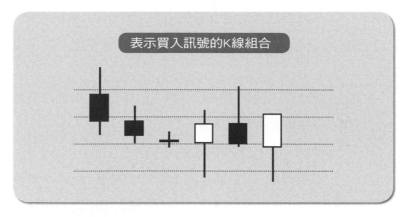

表示買入訊號的K線組合

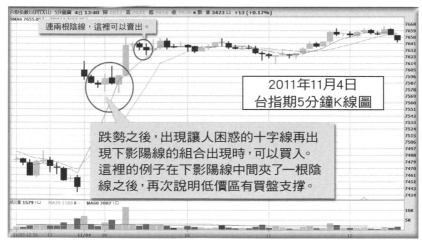

連兩根陰線，這裡可以賣出。

2011年11月4日
台指期5分鐘K線圖

跌勢之後，出現讓人困惑的十字線再出現下影陽線的組合出現時，可以買入。這裡的例子在下影陽線中間夾了一根陰線之後，再次說明低價區有買盤支撐。

POINT

股價下跌後，出現十字線就應該尋找任何止跌的訊息。下影線的出現不是立刻上漲，卻是止跌的重要訊號之一。

① 報價牌資訊

② 買進訊號單K線

③ 買進訊號組合型態

④ 賣出訊號單K線

⑤ 賣出訊號組合型態

⑥ 勝者專訪

⑦ 【附錄】保力加通道

13 跌勢中下影線＋大陽線

如果一開始出現了帶下影線的5分鐘，這種情況下股價上漲的機率很大，若後面再接著出現大陽線，肯定會出現上漲的走勢。由於在買賣的力量關係上是有利於買方的，因此，應該儘早抓住這個時機。

任何人都會認為這個時機適合「買入」，因此及早抓住這個趨勢，就是儘早抓住賣出獲利的機會。

抓住這個時機可以在大陽線的中途部位。

另外，一定要留意，在這種強烈上漲的走勢下，最好不要等待「價格突然下跌」。因為這種機會不多，投資人可以從行情板的最佳五檔上觀察，當股價圖已經走出類似的型態時，你又發現賣單不斷的被「吃掉」使得申報價一直提高，此時，即使大陽線尚未成形，只要看到勢頭很強就可以進入了。

短線交易能否取得利潤，取決於「能否根據報價牌上的走勢順勢行動」。雖然認為反正會下降所以帶著懷疑的目光審視的人很多，但是，在從價格底部反彈時，按市價「及早抓住走勢」是最好獲利的方法。

🌏 圖13：下影線出現後的大陽線表示上漲

圖片來源：XQ全球贏家

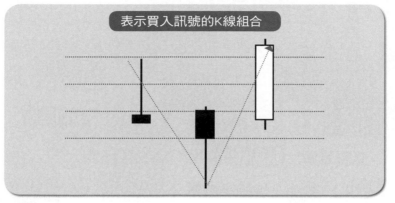

表示買入訊號的K線組合

2011年11月2日
台指期5分鐘K線圖

僅根據2根K線的組合，
就可以推斷此時投資人
心裡產生了看漲想法。

① 報價牌資訊

② 買進訊號單K線

③ 買進訊號組合型態

④ 賣出訊號單K線

⑤ 賣出訊號組合型態

⑥ 勝者專訪

⑦【附錄】保力加通道

POINT

一早先是以大跌近150點開盤，接著就出現下影線，然後又出現了大陽線，表明買方勢力在這裡已經占了上風，因此，行情上漲的可能性很高。

投資達人系列專刊

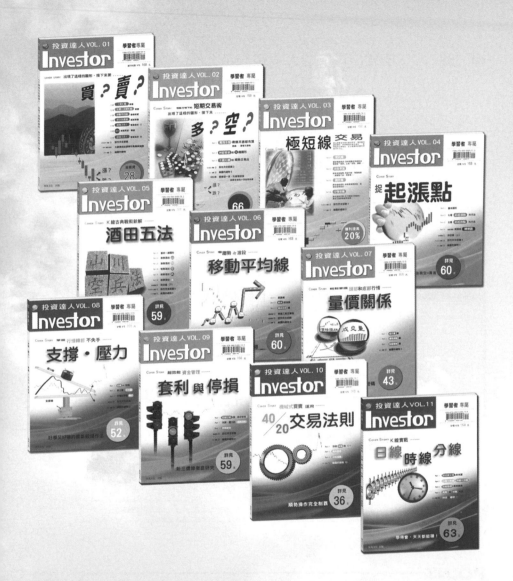

電話郵購任選二本，即享85折
買越多本折扣越多，歡迎洽詢
大批訂購另有折扣，歡迎來電‧‧‧‧‧‧‧‧‧‧

【訂購資訊】

http://www.book2000.com.tw

郵局劃撥：帳號/19329140 戶名/恆兆文化有限公司

ATM匯款：銀行/合作金庫(代碼006)/三興分行/1405-717-327091

貨到付款：請來電洽詢

TEL 02-27369882　　FAX 02-27338407

Part 3

五分鐘 K 線
買進訊號
(組合型態)

01 突破鍋底型走勢時

走勢圖上中有一種K線的排列型態很像「鍋底」（見右圖），這不是什麼人刻意讓它形成的行情，而是自然形成的。

形成「鍋底」的背景是如何呢?

簡單來說，當下跌與下跌之後開始反彈，這兩種力量在進行時，無論是賣出還是買入，力量關係都很相似時，就容易以相同的思路進行買賣，而使走勢像一口鍋子底部一樣的圓弧狀。

因此，一旦出現了這種形態，從機率上來看，就有再次出現相同形態的可能，也就是「當初怎麼跌下來的，也將怎麼漲上去」，因此，如果低價盤整後開始出現陽線，就可以迅速抓住這種形勢。

股價只有上漲或下跌兩種可能，因此遇到下跌時，應該要知道「下跌時是有機會的」，若能抓住反彈和回升的時機，對於交易而言非常重要。

當然，如果行情走出鍋底型態，而再次出現盤整時，應該要先把獲利落袋為安。在短線交易當中，要根據此處所說的「買入信號」迅速買入並根據下章所述的「賣出信號」迅速賣出，此才可以不斷地積累收益。

圖1：抓住鍋底型中的漲勢

圖片來源：XQ全球贏家

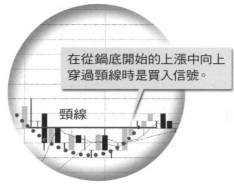

在從鍋底開始的上漲中向上穿過頸線時是買入信號。

頸線

2011年11月13日
宏達電5分鐘K線圖

上漲趨勢與成交量是密切相關的。

POINT

在從鍋底開始的上漲中向上穿過頸線時是買入信號。

右側導覽：
① 報價牌資訊
② 買進訊號單K線
③ 買進訊號組合型態
④ 賣出訊號單K線
⑤ 賣出訊號組合型態
⑥ 勝者專訪
⑦【附錄】保力加通道

02 箱型盤整行情穿過頸線時

股價一直被壓制在某一價位上,但是突然間股價開始急劇上漲並出現了大陽線,表明賣出逐漸減少買入開始占了上風。

在這種時候,之前正在站在賣方的人,就會轉為買入或將空單回補,因此,股價也很容易上升。

股價的方向性是「買進會吸引更多的買進」,因此,出現了突破箱型整理之後的上漲時,投資人應該迅速的順應這種趨勢並採取行動。

但是,上升行情的勢頭逐漸變弱,尤其是出現了陰線和十字線之後,表明此時股價已經漲得太高了,明智的做法是先獲利出場。

短線投資人一定要謹記,在跟上某種走勢後,當股價已經漲到了頂點,即應將這種走勢下的帳面利潤轉變為實際收益。

在本例中,台指期當天早上12點左右,行情一直被壓制在某一價位。盤整狀態持續大約30分鐘,在這30分鐘內積蓄的力量,在穿過頸線時會出現爆發性上漲。

這就是股價的規律,要想取得差價收益,應當關注盤整狀態持續時間很長的行情。並在價格向上突破高價時果斷買入,在出現明顯的上影線和陰線的時候,要賣出獲利。

🌏 圖2：超過頸線時應當買入

圖片來源：XQ全球贏家

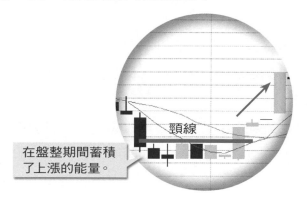

頸線

在盤整期間蓄積
了上漲的能量。

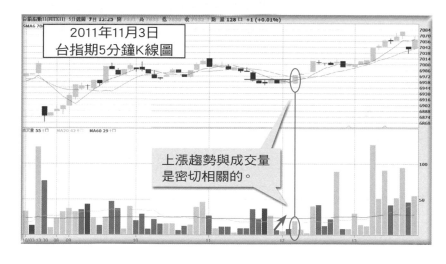

2011年11月3日
台指期5分鐘K線圖

上漲趨勢與成交量
是密切相關的。

POINT

股價突然開始上漲就是「突破盤整」。這時，跟著這種
形勢而動是明智的選擇。

① 報價牌資訊

② 買進訊號單K線

③ 買進訊號組合型態

④ 賣出訊號單K線

⑤ 賣出訊號組合型態

⑥ 勝者專訪

⑦ 【附錄】保力加通道

03 向上穿過三角收斂盤整時

　　股價的盤整方式，從最前面開始振幅逐漸縮小的形態，叫做「三角收斂」。

　　出現這種形態後，就有「上漲」和「下跌」兩種訊號。如果在三角型的前端股價的波動逐漸消失並開始上漲時就是買入信號，如果下跌就是賣出信號。

　　在右頁列舉的走勢圖當中，從三角型的前端開始，股價突破高價拉出一根大陽線，顯然是買入力量占了上風，此時買入成功的機率很高。以這個例子而言，第二根大陽線，已經把原先蓄積在三角盤整中的能量釋放得差不多了，在這裡就可以賣出了。

　　三角型盤整出現的位置也重要，若是三角型出現在價格底部時，行情容易出現向上突破，是買進的訊號。但是，如果三角型盤整出現的位置在價格高點或半山腰時就容易變成下跌的信號，或者即使是向上突破的上漲訊號，再繼續上漲的空間也有限，因此只能採取「快打」，所以要特別注意。以右頁的例子，就是屬於出現在高檔區的三角盤整，有經驗的投資人會在第一根大陽線快成形前就介入，在第二根大陽線出現上影線後就賣出。

　　在股價形成的過程當中，看漲和看跌兩種力量一直在較量，但是，這種狀態不會一直持續下去。一定會出現力量平衡崩潰的時候，因此，不要錯過這種情況出現前的預兆。

🌀 圖3：三角收斂後上漲要順應這種走勢

圖片來源：XQ全球贏家

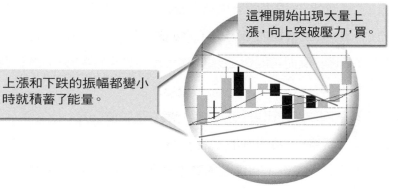

這裡開始出現大量上漲，向上突破壓力，買。

上漲和下跌的振幅都變小時就積蓄了能量。

2011年11月12日
宏達電5分鐘K線圖

上漲趨勢與成交量是密切相關的。

①
報價
牌
資訊

②
買進
訊號
單K線

③
買進
訊號組
合型態

④
賣出
訊號
單K線

⑤
賣出
訊號組
合型態

⑥
勝者
專訪

⑦
【附錄】
保力加
通道

POINT

股價的振幅逐漸變小，形成了類似「向中間收斂」的形狀之後，股價開始上升，就是突破盤整。買入是有利的。

04 三根陽線(紅三兵)出現後

如果行情從開盤起就開始順利上漲並且出現了3根小陽線,就變成了「紅三兵」。這表明股價有「追高」的傾向,因此,買入是有利的。不過,如果這裡的小陽線不是小陽線,而是大陽線的話,並不是買進訊號,反而可能會立刻迎來獲利了結性的賣壓,而讓行情進入盤整狀態。

這裡所謂的接連出現「小陽線」,指的是股價沒有一直上漲,而是一邊消化賣單,一邊慢慢地上升。

由於行情一邊在消化獲利的賣單下上漲,因此,出現大量賣出的可能性很小,於是,股價一邊形成了小陽線一邊上漲。

一般說來,出現紅三兵是相當漂亮的上漲訊號,說明投資人很看好未來的走勢,所以,屬於可以「漲很久」的類型。但對短線交易者來說,不應該持有太久,要一段一段的把獲利放進口袋裡比較合理。例如,看到當天的台指期早上就出現紅三兵,投資人心裡要有數,當天應該是多頭行情,在第一次進場有了獲利之後,遇到上影線+大陰線的組合時,就應先賣出,等到有機會進場時再進場,這樣就能牢牢的鎖住利潤。

● **圖4：紅三兵之後發生了上漲要順應這種走勢** 圖片來源：XQ全球贏家

買進會吸引更多的
買進的走勢。

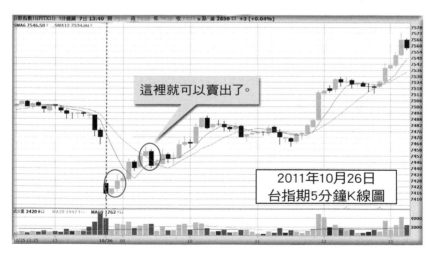

這裡就可以賣出了。

2011年10月26日
台指期5分鐘K線圖

① 報價 牌 資訊

② 買進 訊號 單K線

③ 買進 訊號組 合型態

④ 賣出 訊號 單K線

⑤ 賣出 訊號組 合型態

⑥ 勝者 專訪

⑦【附錄】 保力加 通道

POINT

如果開盤時出現了被稱做「紅三兵」的小陽線，就是表
明買入意願很強的證據。這時抱著看漲的想法進行對
應是明智的做法。

05 突破上升三角形的頂端

先來看右頁的圖，這是鴻海10月26日早上開盤的5分鐘K線圖，很明顯的，前面三根K線，漲勢被壓制住了，但是下影線則逐步變短，形成頂端是平的，但底部上升的上升三角形，這是正在積聚買入力量的證明。因此，在突破上升三角盤整之後，股價急速上升。

在這種信號下，只要沒有特別的情況，股價不會暴跌也少有下跌的風險，因此，對三角形進行確認並及時抓住這種上漲的趨勢，就能在交易當中取得成功。

這種形態在整體行情上漲和下跌的時候都會出現，因此，是非常難得的機會。

特別是，鴻海的經營情況一向很好，因此，即使股價下跌或稍微開始下跌，一般都會出現買入帶動股價回升。由於在業績好的股票當中這種類型的上漲很常見，因此，重要的是在理解理論的基礎上進行交易並獲取收益。

要想順利地進行短線交易，就要根據股票的不同掌握股價的波動習性。

另外，這種圖形也常見前一天美股大輻下跌，國內股市早盤低開，由於出現了抄底的買入而股價開始回升的情形。

🌐 圖5：捕捉上升三角形的上漲趨勢

圖片來源：XQ全球贏家

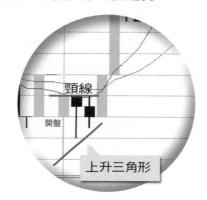

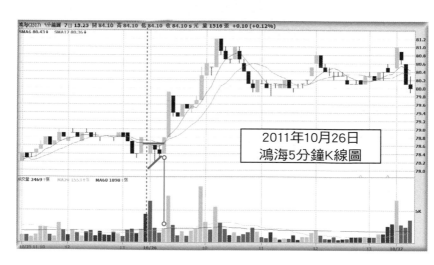

2011年10月26日
鴻海5分鐘K線圖

POINT

即使高價被壓制在一定水準，但只要低價位置在上升，
就積蓄了買入的力量。

① 報價牌資訊

② 買進訊號單K線

③ 買進訊號組合型態

④ 賣出訊號單K線

⑤ 賣出訊號組合型態

⑥ 勝者專訪

⑦ 【附錄】保力加通道

06 跟隨大陽線順勢而為

　　股價的波動有時會單向地上漲或下跌，但這只有極少數的情況，通常，股價的波動總是漲了會跌，跌了再漲。因此，短線交易可以對於同一檔股票，「順漲勢而買」或「順跌勢而賣」。

　　右頁的例子是11月7日台指期的走勢，投資人在早上出現上影線之後，可以感覺順著下跌趨勢「放空」的人很多，但這種賣壓，在開始出現下影K線時，情勢開始轉變了，本來的下跌走勢就停在下影線「跌不下去」的位置上。但叫人有疑慮的是接下來的大陰線，叫人懷疑之前「跌不下去」的下影線組合會不會只是一個跌勢中暫緩下跌的中繼站。不過，陰線之後的大陽線，整個包住了價格下跌的陰線的，從這裡可以察覺到行情有逆轉的變化。

　　投資人若在這個時候觀察報價行情板就會知道，股價上漲後一定會出現獲利性的賣出。但若賣出沒有出現恐慌性的殺盤，殺到前一個低點之下，反而在低價處開始大量的出現買盤，那麼，進入上漲走勢的股價還會繼續上漲，因此，順著這個大陽線的勢頭，就可以放心的等待時機進場，下一根陽線上漲時就可以順著陽線的氣勢買進了。

　　當然，股價的走勢是變幻莫測的，但不管怎樣，它總是由「賣」和「買」的力量對比關係決定的，因此，只要是止跌後開始上漲的走勢，總會持續一段時間。

① 報價牌資訊
② 買進訊號單K線
③ 買進訊號組合型態
④ 賣出訊號單K線
⑤ 賣出訊號組合型態
⑥ 勝者專訪
⑦ 【附錄】保力加通道

🌐 **圖6：否定下降趨勢的大陽線是買入信號**　　　圖片來源：XQ全球贏家

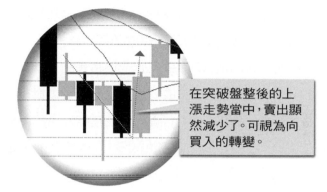

在突破盤整後的上漲走勢當中，賣出顯然減少了。可視為向買入的轉變。

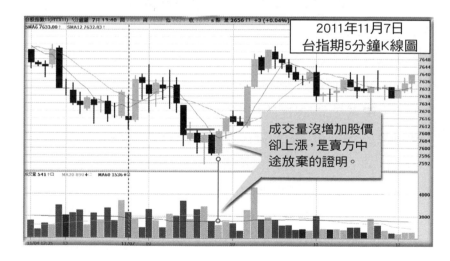

2011年11月7日
台指期5分鐘K線圖

成交量沒增加股價卻上漲，是賣方中途放棄的證明。

POINT

跌勢已經在出現下影線並排中止跌，雖然中間夾了一根大陰線，但大陽線的出現，讓止跌氣勢延續，轉為上漲氣勢，應該跟上這樣的腳步。

07 否定上影線的下影線出現時

股價的走勢反應市場心理和供需關係,且不斷變動令人眼花撩亂,有時真的不知道到底要站多?還是站空?在這裡,要教大家一個「撇步」,就只要先簡單看上、下影線就夠了。

右頁的兩例放大的地方,都是先有一根長長的上影線,把股價壓在相對的一個低點,之後不股價一直在底部區間波動,而且形成了互相較量的形態。還有一個共同點,就是互相較量的盤整區間K線都帶著下影線,這表明在底部區間有買入力量在等待,價格不會下跌得太多。

此時可以認為底部很堅挺,問題在於此後出現了反彈的大陽線,那麼,就可以簡單的評估,在這個地方,買方戰勝了賣方,而且在底部有很強的買入力量在等待。這樣的話,買方就會滿懷自信地開始買入,因此,賣方的動向就會變弱。

其結果就是,股價開始穩步上升。不過,股價波動雖然劇烈,波動幅度卻不大,可是股價正在上漲卻是毫無疑問的。

在短線交易當中,雖然也希望股價有較大的波動幅度,但是,更重要的是不要失敗。穩定地獲取和積累收益,會增強投資者的自信心,也會使投資形成良性循環。

因此,即使只是小幅波動,也不要輕視,要認真對待穩步獲利。

圖7：簡單的利用上、下影線看盤法

圖片來源：XQ全球贏家

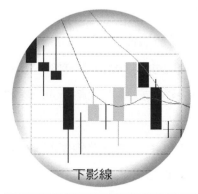

下影線

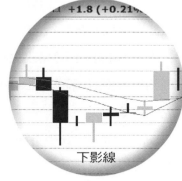

下影線

2011年10月21日
宏達電5分鐘K線圖

2011年10月27日
金融期5分鐘K線圖

POINT

股價在上影線出現後，被壓制下跌，但是若跌勢後出現了下影線，又表明底部有支撐，股價容易上行。

1 報價牌資訊

2 買進訊號單K線

3 買進訊號組合型態

4 賣出訊號單K線

5 賣出訊號組合型態

6 勝者專訪

7 【附錄】保力加通道

08 出現了3根孕線

　　「孕線」是買入信號中的一種,仔細看本節的走勢圖,會看到很長的陰線將3根小的K線收在內部。

　　出現這樣的圖形,通常在下一個瞬間,股價就會上漲。

　　不過,這種信號不常出現,但是類似的信號則很多,其實,只要在價格的底部,出現有大陰線包住小陽線時,就可以判斷為「應當買入」。

　　如果大陰線包住小陽線內部只有1、2根小陽線那倒還好,如果包住的是像盤整時那樣,形成了類似一條橫線的形態時,請一定要抓住股價向上突破的瞬間,將其作為買入的時機,因為那會是很強的買進點。

　　買賣的情況已反映在行情板上,但通過觀察走勢圖,可以更直接地看到股價的波動,知道「股價在上漲」時,可以果斷地進行買賣。如果僅將報價牌作為進行買賣判斷的依據,就會在股價由於暫時性的賣出增加而發生小幅調整時,不由得將股票賣出,最終也不能獲得收益,這樣就太可惜了。

① 報價牌資訊

② 買進訊號單K線

③ 買進訊號組合型態

④ 賣出訊號單K線

⑤ 賣出訊號組合型態

⑥ 勝者專訪

⑦ 【附錄】保力加通道

🌐 **圖8：出現了3根孕線就是強烈的買入信號**

圖片來源：XQ全球贏家

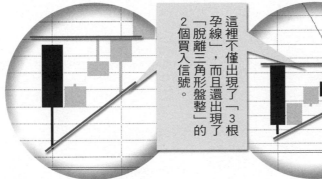

這裡不僅出現了「3根孕線」，而且還出現了「脫離三角形盤整」的2個買入信號。

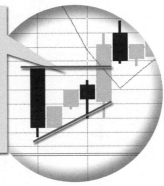

2011年10月4日
台指期5分鐘K線圖

2011年9月29日
台指期5分鐘K線圖

POINT

孕線是強有力的買入信號，而且，範例中作為孕線的K線出現了3根，因此，是更加有力的買入信號。

Part 4

五分鐘 K 線
賣出訊號

(單一K線)

01 跳空下跌時

先看右頁的範例。

當天小台指以跳高一百多點開盤,不過,第一根5分鐘K線就出現長上影線,這樣子的組合,可以簡單初步判斷為「短空、長多」,試著想想,若非重大利多,不會一早就跳高開盤,但長上影線又說明,早上獲利了結的人已經把持股先賣掉落袋為安了。隨後,會出現兩種可能,一種是,獲利了結的賣壓繼續出籠,行情繼續下跌,另一種是,追逐利多消息的買家進場,把行情再繼續向上推升。

遇到這種行情,只能且戰且走。很難講那一種情況會佔上風,但在第二根與第三根5分鐘K線中間出現向下跳空,可以說明,當時投資人的情緒是傾向趕快「落袋為安」的。而賣出會吸引更多人賣出,所以,向下跳空很容易引發短期的賣出潮。

假設你昨天買進了小台指,今早上一開盤大漲了100多點,但還來不及賣出,行情就已經跳空下跌了,你將如何呢?

「不管如何,先把到手的帳面利潤拿到手再說。」

對,這就是接下來會出現大陰線的原因。

當行情從高價圈向下跳空時,通常短時間的賣壓相當重。因此,在股價開始下跌時,短線交易者一定要趕快順著賣出潮同步賣出。尤其在股價下跌時特別應該注意的是「大陰線」。如果它出現在高價區,股價就會掉頭向下。這時是「賣出」的時機。特別是在跳空的下跌走勢中,賣出壓力非常強,做空頭發生失敗的可能性很小。

🌐 **圖1：跳空下跌有利於放空操作**

圖片來源：XQ全球贏家

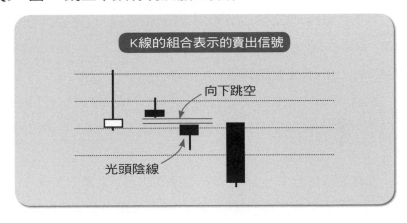

K線的組合表示的賣出信號

向下跳空

光頭陰線

②
買進
訊號
單K線

③
買進
訊號組
合型態

④
賣出
訊號
單K線

⑤
賣出
訊號組
合型態

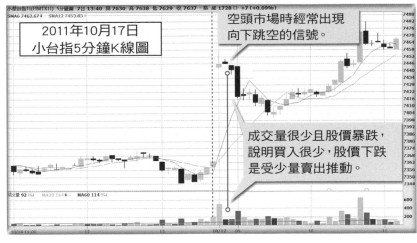

2011年10月17日
小台指5分鐘K線圖

空頭市場時經常出現
向下跳空的信號。

成交量很少且股價暴跌，
說明買入很少，股價下跌
是受少量賣出推動。

POINT

如果從早上開始出現上影線，甚至跳空陰線持續出現，
此時放空更容易獲取收益。

02　高價圈出現上影線＋大陰線

　　大陰線本身就是暴跌形態，必須加強警惕。

　　本例的圖形，早上雖然出現一根好長的陽線，但隨後行情出現盤整，有趣的是，在盤整過程中，上、下影影線都很長，而且陰線和陽線混在一起，高價盤整狀態一直持續。

　　說真的，在這個盤整的過程中，是看不出趨勢的，它有可能醞釀向上，也有可能醞釀向下。不過，之後出現了大陰線。行情已經表態了－－我要下跌！

　　此時若觀察行情板上的報價，也應該出現了大量的委賣。

　　回頭看大陰線之前的盤整，應該留意的是它連續出現了數根上影線，這表明在高價區有很多賣出，股價短期很難再漲到該高價之上了。因此，因著行情的習性，行情處於壓倒性的賣出形勢時（理由是出現大陰線）就要站在賣方，等待轉為買入時再重新回補空單或進行新的買入。

圖2：上影線之後的大陰線是賣出時機

圖片來源：XQ全球贏家

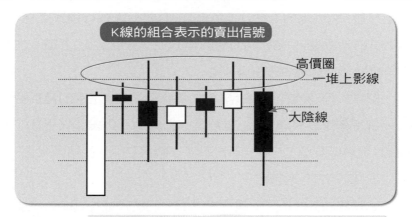

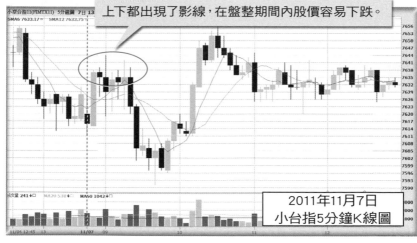

2011年11月7日
小台指5分鐘K線圖

POINT

股價處於高價圈時出現上影線，容易面臨上升的壓力，
如果之後出現大陰線，下跌的趨勢就是明確的了。
必須牢記在高價圈的上影線的含義。

03 典型的倒V字頂

　　無論股價漲得如何猛烈，都不會無限制地上漲。特別是網路交易盛行後，極短線的交易者也多起來，有些行家採行程式交易，電腦程式自動會發出「價格偏高應該賣出」的信號，因此，投資人在取得一定收益後也應該先出場為宜。

　　簡單來說，股價上漲後，接下來就要認真尋找下跌的轉折點。

　　這裡列舉的股票，在出現帶著上影線的小陽線之後變成了大陰線，就表明到達了上漲上限和即將「轉為賣出」。從結果來看，就形成了「倒V字形」的頂部。

　　尤其像右頁的例子一樣，在大陰線上還出現了上影線，因此，在高價區間的雙上影線更是強烈的下跌信號。

　　如果出現了這種信號，就不能抱著「還會上漲吧」的期望輕易地買入。否則就是幫助了「獲利了結」的一方，讓自己變成了失敗者。

　　在右圖的走勢圖上，可以看出上漲的上限，因此，此處應當老老實實地賣出。根據走勢老老實實地買賣，面對行情老老實實地應對。如果錯過了這種明確的賣出信號，在短線交易中就不能獲利。所謂「順勢交易」，就是指順着股價當前的方向進行買賣，絕不違背。這是投資時應遵循的鐵的原則。

　　同時也必須知道股價漲久必跌、跌久必漲的規律。

圖3：典型的倒V字頂的下跌

圖片來源：XQ全球贏家

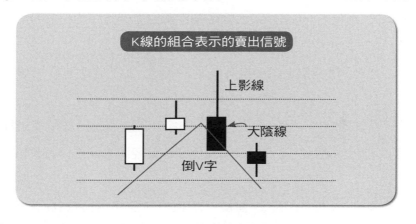

POINT

順利上漲不久也會出現為了獲利而賣出。且若開始下跌
過程會很迅速，因此，應關注在上漲後出現的信號。
此處的信號是帶著2根上影線的陽線和陰線。

① 報價牌資訊

② 買進訊號單K線

③ 買進訊號組合型態

④ 賣出訊號單K線

⑤ 賣出訊號組合型態

⑥ 勝者專訪

⑦【附錄】保力加通道

04 大陰線持續

觀察一天的股價變動，會發現很少有股價從早上一直漲到收盤的情況。即便有，也是美股大幅走高或國內有非常好的利多因素所致。

但是，這種情況由於沒有波動的機會，並不適合進行短線交易，等於說是「不能參與的、沒用的」的行情。

右頁的範例，脫離了早上股價上漲的盤整，因此，為投資者提供了一個交易機會。這裡出現的交易機會是行情本來在一個順利的上升途中，但卻突然出現了一根無法創新高的陰線，且接下來連續出現陰線。這再次印證了，無論行情環境多麼好，股價總會有上漲的極限。

如果在最高價位置持續出現陰線，顯然就已表明這裡是股價的「上漲上限」。這是賣出的時機，不適於買入。

在例子當中，出現了3根連續的大陰線，明確表明此處是頂點。當在高價出現上影陽線、接著出現陰線時必須對多頭部位進行清理。

而要透過放空取得收益，出現了這樣的圖形也是機會，股價的漲跌有一定的節奏。知道這種規律很重要。

圖4：如果大陰線持續出現就表明此處是頂點 圖片來源：XQ全球贏家

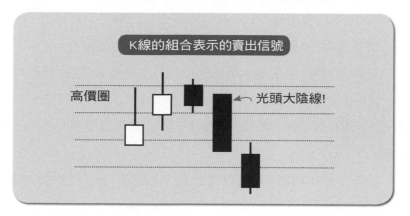

K線的組合表示的賣出信號

高價圈 　　　　　　　　　　　← 光頭大陰線！

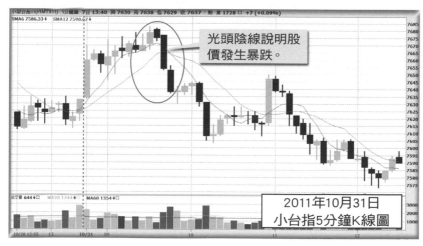

光頭陰線說明股
價發生暴跌。

2011年10月31日
小台指5分鐘K線圖

POINT

可能的話，當行情無法再創新高，且出現上影線時就應
當先賣出。且可等到確認為空頭行情時反手放空。

① 報價牌資訊

② 買進訊號單K線

③ 買進訊號組合型態

④ 賣出訊號單K線

⑤ 賣出訊號組合型態

⑥ 勝者專訪

⑦ 【附錄】保力加通道

05 三重頂形態

形成3座山峰之後股價下跌,被稱為「三重頂」。它的特點是在高價區形成了3座山峰,也就是行情有三次想要向上再攀升,但都沒有辦法如願,這種圖形說明這裡已經是上漲的極限。

在歐美國家,將這種山峰比作人的頭部和肩部,因此將其命名為「頭肩頂形態」。之所以這麼命名,是由於它的中央好像人的頭部,兩側的高點好像人的雙肩。這種形態在歐美也是很有名的見頂信號。

這個信號出現時,要及時賣出手中的股票,採取「放空」的態度比較合理的。

特別是向下跌破3個山峰的下限「頸線」時,方向顯然是向下的,此時如果買入無異於是自殺行為。

無論如何,此種形態出現時都是賣出的時機,在股價見底的信號出現之前,應當觀望等待低點出現以便回補。

股價有時會達到非常不合理的價位。但是,一旦過了這個時候,往往又會出現「競相賣出」的情況。比如三重頂,就是投資人一開始很努力的想要把行情繼續「拱」上另一個高峰,可是失敗之後就會「競相賣出」。

圖5：三重頂是明確的見頂標誌股價即將下跌 圖片來源：XQ全球贏家

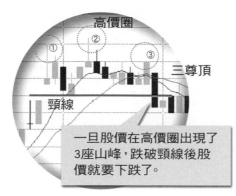

高價圈

① ② ③

三尊頂

頸線

一旦股價在高價圈出現了3座山峰，跌破頸線後股價就要下跌了。

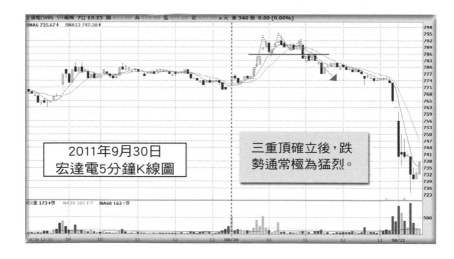

2011年9月30日
宏達電5分鐘K線圖

三重頂確立後，跌勢通常極為猛烈。

POIN

這檔股票以遠高於前日收盤價的價格開盤，之後，出現了3重頂。毋庸置疑，這是賣出的時機了。

① 報價牌資訊

② 買進訊號單K線

③ 買進訊號組合型態

④ 賣出訊號單K線

⑤ 賣出訊號組合型態

⑥ 勝者專訪

⑦ 【附錄】保力加通道

06 夜星

　　股價一直上漲並到達了上漲上限，之後股價下跌，在這種典型的下跌形態中，有一種叫「夜星」。

　　所謂「夜星」，就是在上升的行情中，價格很急速的跳空上升，但它的下一根K線卻完全無法繼續這樣強力的上升，反而跳空下跌。

　　從圖形上來看，那一根跳空向上漲又跳空向下跌的K線就像夜間的星星一樣，單獨的掛在那裡，發現這樣的走勢圖，應該立刻賣出。

　　這種走勢圖，對於「做空頭」而言是非常理想的形狀，可以不必擔心，放空後只要靜觀股價下跌等後時機回補即可。但是，也不能太過放鬆，在股價跌至下跌下限時，也要考慮反彈的可能。

　　明確的「夜星」的信號並不會頻繁出現，但是在「頂點圈」經常會出現與它相似的信號。比如，出現了小的陀螺線，或者出現了十字線。這種圖形與夜星的道理一樣，都是可以放空的圖形。

圖6：夜星的下跌

圖片來源：XQ全球贏家

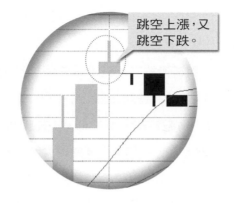

> 跳空上漲，又跳空下跌。

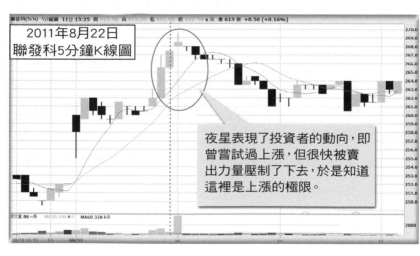

2011年8月22日
聯發科5分鐘K線圖

> 夜星表現了投資者的動向，即曾嘗試過上漲，但很快被賣出力量壓制了下去，於是知道這裡是上漲的極限。

POINT

股價跳空上漲後在高價區出現了小的K線，之後又出現了很長的陰線，就變成了「夜星」，是機率極高的賣出信號。

① 報價牌資訊

② 買進訊號單K線

③ 買進訊號組合型態

④ 賣出訊號單K線

⑤ 賣出訊號組合型態

⑥ 勝者專訪

⑦【附錄】保力加通道

07 高價區出現十字線

先來看右頁的範例，9月21日，宏達電開盤先是兩根十字線，之後多頭表態，大大的拉出一根長陽線，原以為這裡是買進的機會，不過，卻再次出現了十字線。

行情看到這裡，實在無法立刻判斷未來將繼續上漲還是下跌，不過，在這根十字線之後的陰線已經說明，應該立刻出場。

特別是在股價波動激烈的時候，如果不抓住最好的時機將可能的收益變為現實的收益，那麼就不會獲得實際的收益。

在這個走勢圖當中，股價脫離了自早上開始的盤整狀態而開始上漲，但是在高價區帶上下影線的「十字線」表明已處於「高價盤整」狀態。

如果在高價區間有賣出力量和買入力量在較量，就表明之前的上漲趨勢即將終結，之後，只能進行賣出了。

果然如信號所示，股價開始下跌，從上漲轉為下跌的時候，要順應這種變化，轉為賣出。

對於買入的股票，必須要一直盯住是否出現賣出訊號。重點應關注在高價圈出現的「十字線」、「陀螺線」、「上影線」。因為它們是買賣的轉捩點。

圖7：高價區出現十字線容易形成困惑的跌勢 圖片來源：XQ全球贏家

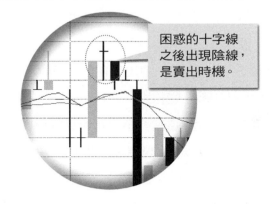

困惑的十字線之後出現陰線，是賣出時機。

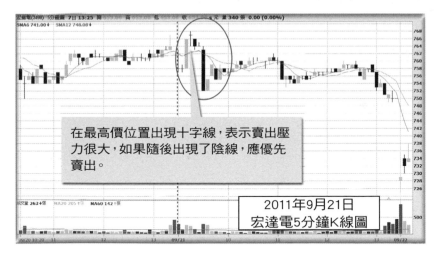

在最高價位置出現十字線，表示賣出壓力很大，如果隨後出現了陰線，應優先賣出。

2011年9月21日
宏達電5分鐘K線圖

POINT

股價上漲後在高價區出現了讓人困惑的十字線，之後，多空平衡一般會傾向於有利於賣出。
不要貪心迅速賣出才是明智之舉。

右側導覽：
① 報價牌資訊
② 買進訊號單K線
③ 買進訊號組合型態
④ 賣出訊號單K線
⑤ 賣出訊號組合型態
⑥ 勝者專訪
⑦【附錄】保力加通道

08 雙頂

「雙頂」是表示股價頂點的信號之一。

簡單來講這種形態是，在高價圈出現了一個頂峰後→下跌→反彈→再次下跌。

這種類型的頂點信號，會出現在很多股票當中。即使是同一種股票，一天內也可能再次出現。

從這個意義上講，這種雙頂是很常見的信號，因此，希望各位牢牢地記住，在這種形態出現時應當賣出。

上漲的股價一定會在某一時刻下跌，但下跌後往往還會再次嘗試衝向高點。

有時，股價也真的會一路猛漲，但是，如果出現了如右頁的範例那樣，在攻上2次頂峰之後股價開始下跌，就是明確的下跌趨勢了。尤其是在第二次上漲之後出現了大陰線時，此時顯然是上漲的上限，應將現有的股票賣出獲利，或者放空。關於如何解讀這種信號，要看是否跌破了支撐雙峰間之低點的頸線（支撐線）。

🌐 圖8：雙頂信號表示上漲上限

圖片來源：XQ全球贏家

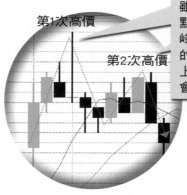

第1次高價

第2次高價

雖然股價兩次沖向了高點，但是如果第二個山峰沒有超過第一個山峰的高度，就表示此處是上漲上限，之後的下跌會很劇烈。

在頂點圈，如果兩次想衝上高點都失敗，當行情跌破頸線，此後的下跌會很劇烈。

台股指數11(FITX11) 5分鐘圖 11日 13:40 開 7360 高 7365 低 7354 收 7350 s點 量 2949 口 -4 (-0.05%)
SMA6 7348.67↓ SMA12 7345.75↓

成交量 742 ↑口 MA20 552↓ MA60 469 ↑口

2011年10月19日
台指期5分鐘K線圖

POINT

股價沖向高點後，曾一度下跌，但又再次上漲，儘管如此，此後出現了陰線，就表示這是上漲上限，有利於賣出。

① 報價牌資訊

② 買進訊號單K線

③ 買進訊號組合型態

④ 賣出訊號單K線

⑤ 賣出訊號組合型態

⑥ 勝者專訪

⑦ 【附錄】保力加通道

125

09 高價圈出現上影線＋陰線

上影線表示在高價區間賣出壓力很大。

右頁的範例雖然在早上一開始是上漲的，但是在高價區間出現了很多賣出，而出現一根帶著長上影線的陰線，這種K線又被叫做「開盤天花板」，在這根陰線之後又出現完全不見任何上影線的「禿頭陰線」，明確暗示股價從高價急劇下跌。

已經跌這麼多了，還能在這裡放空嗎？

有經驗的短線高手在第一根上影陰線時就開始放空，所以，才會有第2根那麼長的陰線產生。

若行情已經走到這裡，比較好的方法是仍可放空，但應以小的獲利為目標，在下一個表示反彈的下影線出現時回補出場。

短線交易之所以不順利往往是投資人沒有清楚的區分獲利的機率。例如，在像這個例子的「上影線＋大陰線」出現之後，也有可能再向跌的機會也沒有，而是出現盤整的可能。不過比較起來，在這裡放空還是比較有機會，只是向下空間可能不會太大，但若投資人設定好，等到一出現下影線就出場，有了具體的目標，就有機會仍可賺進價差。

圖9：上影線後的暴跌陰線是放空時機

圖片來源：XQ全球贏家

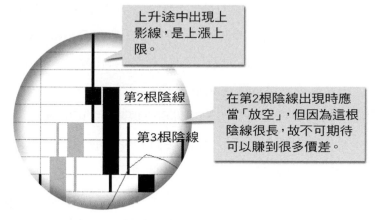

上升途中出現上影線，是上漲上限。

第2根陰線

第3根陰線

在第2根陰線出現時應當「放空」，但因為這根陰線很長，故不可期待可以賺到很多價差。

①
報價
牌
資訊

②
買進
訊號
單K線

③
買進
訊號組
合型態

④
賣出
訊號
單K線

⑤
賣出
訊號組
合型態

⑥
勝者
專訪

⑦
【附錄】
保力加
通道

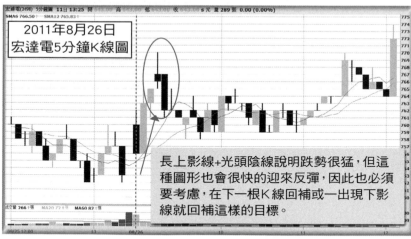

2011年8月26日
宏達電5分鐘K線圖

長上影線+光頭陰線說明跌勢很猛，但這種圖形也會很快的迎來反彈，因此也必須要考慮，在下一根K線回補或一出現下影線就回補這樣的目標。

POINT

上漲的行情當K線出現上影線時表明股價太高。如果之後出現了陰線，就說明走勢確實要下跌了。

10　否定漲勢的大陰線

　　將在5分鐘K線中出現的K線組合在一起，可以更準確地看清楚股價的強弱和方向性。這是因為，無論是陰線、陽線、還是影線，都是投資者投資行為匯集的表現，可以看出股價是強是弱還是迷惑。

　　右頁範例藍色標示處，在一段很強的上漲之後出現了大陰線，而且陰線的實體長度完全包住前面的一根陽線，可以解釋這一根陰線是投資人在獲利之後，大量出脫獲利性的股票而出現的賣出潮。結果是，早上發生的漲幅很快就被抵消了。

　　行情總是由供需慣性決定的，無論是上漲還是下跌都是合理的。一天的波動反映的並非是企業的業績，一天的波動往往是由投資者對行情強弱的認識所決定的。

　　順應行情的方向進行交易被稱作「順勢交易」，對於短線交易來說，這是最容易獲得收益的方法。由於股價總是這樣漲漲跌跌，因此，在這種波動中才有獲利的機會。

圖10：小陽線被大陰線包住，股價容易下跌

圖片來源：XQ全球贏家

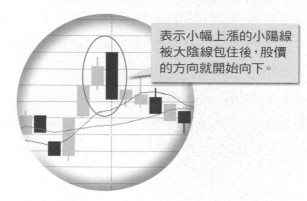

表示小幅上漲的小陽線被大陰線包住後，股價的方向就開始向下。

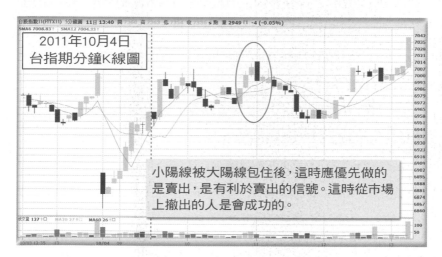

2011年10月4日
台指期分鐘K線圖

小陽線被大陽線包住後，這時應優先做的是賣出，是有利於賣出的信號。這時從市場上撤出的人是會成功的。

POINT

由於投資者的想法都傾向於賣出，因此，此時如果買進可以說不是明智之舉。

② 買進 訊號 單K線

③ 買進 訊號組 合型態

④ 賣出 訊號 單K線

⑤ 賣出 訊號組 合型態

⑥ 勝者 專訪

⑦ 【附錄】 保力加 通道

11 否定漲勢的連續小陰線

先來看右頁的範例。

早上氣勢很強,先是以開高100多點,第一根5分鐘K線又是大陽線,但是,如果因此而高興,立即就會遭到意想不到的打擊。在這個走勢圖中就明確地說明了這一點。

雖然出現的第3根K線十字線,但這絕不可掉以輕心。

這個信號表示,由於多空平衡中的買賣雙方勢力正在較量,因此,股價還不能立刻就順利上漲。在此之後,賣出潮出現,股價開始慢慢下跌。

由於之後的小陰線是買入力量被消化、賣出勢力稍微占了上風時出現的K線,所以,會逐步下跌而無阻滯。

由於賣出方也不會只是一個勁地拋售,因此沒有形成大陰線,這時,就出現了陷阱。

有人會天真地認為:「這時應該是下跌的下限了吧」,於是繼續持有多頭部位,結果股價卻繼續下跌。

在這種「讓人迷惑的十字線」之後的下跌,如果只是「一點一點地」下跌,那麼這種跌勢是不容小看的,這種類型的下跌深度會意外地大,因此,不要迷惑,看到這種圖形要嘛就不做,要嘛就放空。

這種下跌是典型的直線型下跌,對於這種下跌應當順勢而動,一邊觀察整體行情的變化一邊採取行動。

圖11：否定漲勢的連續的小陰線是賣出信號　圖片來源：XQ全球贏家

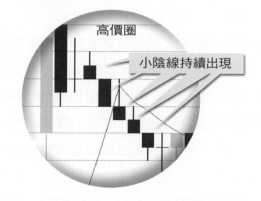

高價圈

小陰線持續出現

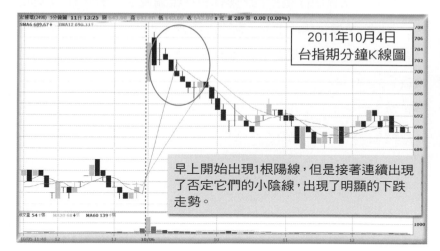

2011年10月4日
台指期分鐘K線圖

早上開始出現1根陽線，但是接著連續出現了否定它們的小陰線，出現了明顯的下跌走勢。

POINT

最開始是很順利地上漲，但是在高價區出現了小陰線，
之後陰線持續出現時股價開始下跌。
是典型的直線型下跌的行情。

① 報價牌資訊

② 買進訊號單K線

③ 買進訊號組合型態

④ 賣出訊號單K線

⑤ 賣出訊號組合型態

⑥ 勝者專訪

⑦ 【附錄】保力加通道

12 高價圈的2根並排陰線

上漲的股票肯定會在某個時候下跌。

那麼，在出現什麼信號時股價就會下跌呢？

儘量知道多種下跌信號，才是增加收益的重要條件。

右頁列舉的走勢圖，在一段漲勢之後出現了2根高價幾乎相等並列的陰線時，這種信號表示，股價已經不可能再漲到的比這更高了，它的意義就像「雙重頂」，也就是行情上漲到這裡已經是極限。

當然，行情到達了上漲上限，之後也只能賣出了，股價開始下行，一步步地下跌。

在短線交易中很重要的一點是，「無論買還是賣都能取得收益」。因此，這種行情的波動，實際上隱藏了很大的機會，只要看到很有把握的走勢圖，要盡可能增加交易的股票數量以獲取更大的收益。

圖12：高價圈2根陰線並排會變成跌勢

圖片來源：XQ全球贏家

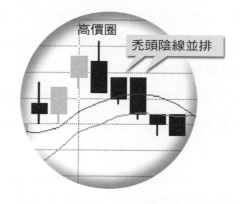

高價圈

禿頭陰線並排

股價猛漲一段時間後，出現
了否定這種形勢的2根陰線，
表明已到達上漲上限，賣出
增加，下跌的可能性極大。

2011年10月12日
台指期分鐘K線圖

① 報價 牌 資訊

② 買進 訊號 單K線

③ 買進 訊號組 合型態

④ 賣出 訊號 單K線

⑤ 賣出 訊號組 合型態

⑥ 勝者 專訪

⑦ 【附錄】 保力加 通道

POINT

在高價圈並列出現的陰線，會影響交易氣氛，促使投資
者對行情看跌。在下跌過程中若成交量的激增，是處理
性的賣出，說明跌勢很強，一定要快點賣出。

133

13　開盤後持續出現小陰線

　　小陰線持續出現時，行情方向會變成下跌走勢。從早上開始沒有反彈的跡象，股價一個勁地下跌，是由於買入力量退出只有賣出，且賣出潮就像三月的小雨一樣淅淅瀝瀝的出現，對於短線交易來說，放空更有希望獲得成果。

　　小幅下跌，在多空平衡關係中，相對於賣出方而言，也有相當數量的買入方，但賣出還是稍微多於買入，少量的買入被消化，產生了賣出。

　　出現這樣的圖形，投資人從報價的行情板上來看，會發現委賣單大量湧現，即使出現了委買單，也很快會被「吃掉」，股價沒有上漲的力量。因為無論出現多少委買，很快就會有比它更多的賣出出現，因此，就形成了這種走勢圖。

　　像這樣的走勢，通常是大環境讓投資人沒有信心。

　　在價格的波動方面，如果行情一剛開始起就撲通一下跌至谷底，反而會有低接的投資人出手買進，這種時候放空反而不容易獲利，也就是說，急跌的情況，放空風險反而增加了。但像這樣，「慢慢跌」的行情，放空風險反而小。

　　股價一點點緩緩下跌的情形更適合做空頭。投資人應關注這種走勢。

🌏 **圖13：早上以後持續出現小陰線時應當賣出** 圖片來源：XQ全球贏家

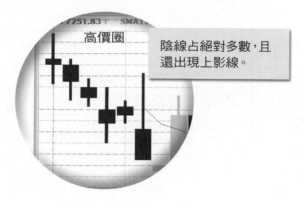

高價圈

陰線占絕對多數，且還出現上影線。

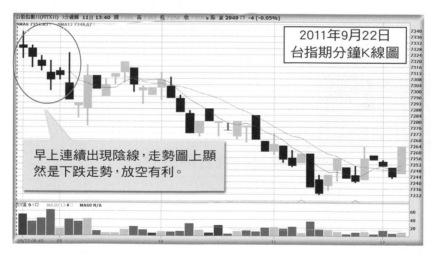

2011年9月22日
台指期分鐘K線圖

早上連續出現陰線，走勢圖上顯然是下跌走勢，放空有利。

POINT

如果從早上開始持續出現了小陰線而沒有出現陽線，那麼行情轉壞逐漸下跌的可能性非常大。此時放空較合適。

① 報價牌資訊

② 買進訊號單K線

③ 買進訊號組合型態

④ 賣出訊號單K線

⑤ 賣出訊號組合型態

⑥ 勝者專訪

⑦【附錄】保力加通道

投資經典系列

巴菲特股票投資策略

定價：380元

作者：劉建位 經濟學博士

儘管巴菲特經常談論投資理念，卻從不透露操作細節，本書總結巴菲特40年經驗，透過歸納分析與實際應用印證，帶領讀者進入股神最神秘、邏輯最一貫的技術操作核心。

財務是個真實的謊言

定價：299元

作者：鐘文慶

為什麼財報總被人認為是假的，利潤真的存在嗎？財務數字的真真假假看似自相矛盾的很多關係，都有合理的解釋嗎？當您知道這些謊言是怎麼形成時，謊言不再是謊言...

電話郵購任選二本，即享85折
買越多本折扣越多，歡迎洽詢
大批訂購另有折扣，歡迎來電‧‧‧‧‧‧‧‧‧

作手

定價：420元

作者：壽江

中國最具思潮震撼力的金融操盤家「踏進投機之門十餘載的心歷路程，實戰期貨市場全記錄，描繪出投機者臨場時的心性修養、取捨拿捏的空靈境界。」

幽靈的禮物

定價：420元

作者：亞瑟・辛普森

美國期貨大師「交易圈中的幽靈」、「交易是失敗者的遊戲，最好的輸家會成為最終的贏家。接受這份禮物，你的投資事業將重新開始，並走向令你無法想像的坦途。」

【訂購資訊】　　　　　　　http://www.book2000.com.tw

郵局劃撥：帳號/19329140 戶名/恆兆文化有限公司
ATM匯款：銀行/合作金庫(代碼006)/三興分行/1405-717-327091
貨到付款：請來電洽詢　TEL 02-27369882　FAX 02-27338407

Part 5

五分鐘 K 線
賣出訊號

（組合型態）

01 高價圈盤整後出現大陰線

做交易總得要知道「當前的高價在哪裡」。如果知道了這一點，找到頭部位置，進行「放空」，同樣可以獲利。

用個簡單的觀察方法，當行情本來是上漲的，只要「漲不上去」，價格一直在高檔的位置盤整，且價格波動變小，若沒有進一步上漲，通常，這裡就是可以暫時視為「頭部」。

以上述的方式為訊號，若出現了很長的陰線，就更明確說明，行情現在處於「賣出占了優勢」的狀態。

投資人有一種心理就是，一看到股價開始走弱，立馬賣出。這樣的話，股價往往會越走越低。

當市場氣氛轉為「行情漲得太過份了吧！」的時候，從行情板上往往可以發現，儘管委買仍有量，但委賣的量卻更多，投資人對此會深刻感受到「這種局面下應該會下跌了」。這是股價暴跌前的報價牌，此時應迅速賣掉多頭部位，或者改採放空操作。

從上漲上限開始下跌的股價，只要沒有特別強的能量，一般很難再次上漲。因此，在這種情況下，就算不放空，也不要買入。

圖1：高價盤整後的大陰線是賣出信號

圖片來源：XQ全球贏家

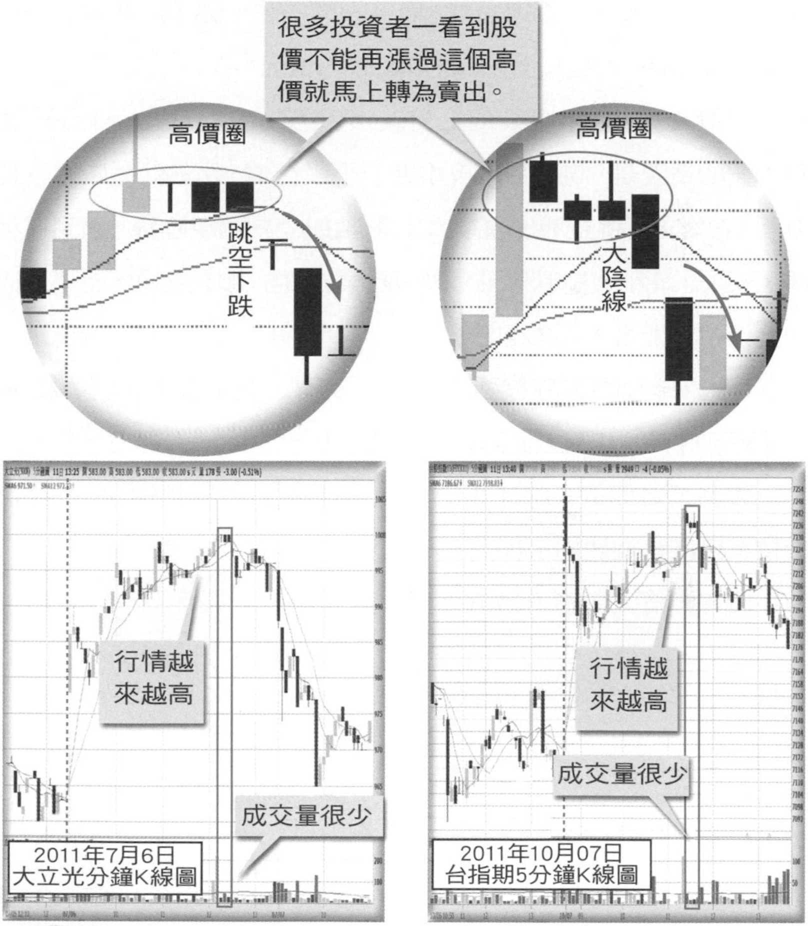

很多投資者一看到股價不能再漲過這個高價就馬上轉為賣出。

高價圈

高價圈

跳空下跌

大陰線

行情越來越高

行情越來越高

成交量很少

成交量很少

2011年7月6日
大立光分鐘K線圖

2011年10月07日
台指期5分鐘K線圖

POINT

上漲後高價盤整，若之後出現大陰線，方向就是有利於賣出。應及時賣出或改做空頭。

① 報價牌資訊

② 買進訊號單K線

③ 買進訊號組合型態

④ 賣出訊號單K線

⑤ 賣出訊號組合型態

⑥ 勝者專訪

⑦ 【附錄】保力加通道

02 注意三角盤整後欺騙性的漲勢

　　股價進入盤整狀態後，將朝那個方向發展，是投資人所注意的，因為向上或向下都有可能，而且只要方向一啟動，就會有一段行情可以期待。可是，也會有遇到騙線的情況。

　　一般說來，若盤整後向上突破，行情就會繼續向上，可是，也有不少的情況是，向上突破後才走一小段行情，立刻就「逆向」，比方說，立刻向下跳空或出現很長上影線或立刻出現陰線。遇到這種情況，要認識到應當順著後來的「騙線」方向，順勢操作，而不應固守行情還會繼續上漲的想法。

　　因此，這裡要提醒投資人，儘管「突破三角形盤整的陽線是買入信號」，但是此時也經常會出現「騙線」。

　　尤其是後面的K線如果已經跌到原先突破的頸線之下，那麼行情有可能會加速向下移動。

　　所有投資人都必須知道這種常識。

🌐 **圖2：需注意三角形平穩狀態後的欺騙性漲勢** 圖片來源：XQ全球贏家

在陽線之後出現了聲勢浩大的陰線或長上影，表明在高價處賣出的壓力很大。

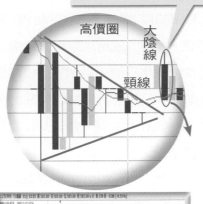

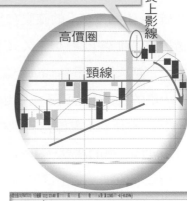

2011年10月9日
大立光分鐘K線圖

2011年10月07日
小台指5分鐘K線圖

POINT

上漲後出現了上影線，表示上漲後賣出量劇增，需馬上賣出。若之前持續出現的陽線突然變成了陰線，也是股價從上漲轉為下跌的證明。

① 報價牌資訊

② 買進訊號單K線

③ 買進訊號組合型態

④ 賣出訊號單K線

⑤ 賣出訊號組合型態

⑥ 勝者專訪

⑦【附錄】保力加通道

03　跳空與封閉缺口

　　關於股價跳空，流傳著一句話：「在跳空上漲後，必然會先下跌並封閉缺口」。

　　這種說法或許在日線、週線上比較合用，但在分鐘線上就不那準確了。不過投資人的確要有「封閉缺口」的意識，也就是說，若行情很快的跳空上漲，但不久又下跌，投資人就可以把剛才跳空上漲的位置當成觀察重點，的確，經常會出現行情先封閉缺口後再繼續向上漲的例子（見下圖），但也有很多跟封不封閉缺口無關的情況，例如，右頁的走勢圖，行情在「填補缺口」之後，完全沒有朝著既有方向向上漲的意思，反而是一路下跌。

　　若投資人被一些不很準確的觀念綁住，一直在等待補滿缺口（或不補滿缺口）的行情，那麼，受傷的還是自己。

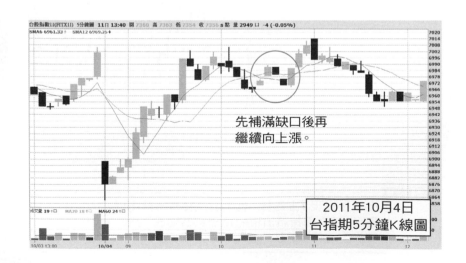

先補滿缺口後再
繼續向上漲。

2011年10月4日
台指期5分鐘K線圖

① 報價牌資訊

② 買進訊號單K線

③ 買進訊號組合型態

④ 賣出訊號單K線

⑤ 賣出訊號組合型態

⑥ 勝者專訪

⑦【附錄】保力加通道

🌐 圖3：跳空與封閉缺口常常是沒有什麼關係

圖片來源：XQ全球贏家

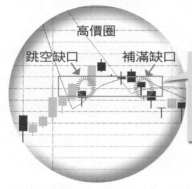

看起來好像是補滿缺口了，不過，行情還是繼續向下跌。所以，到底跳空與補缺口有什麼關係呢？還真是不一定。

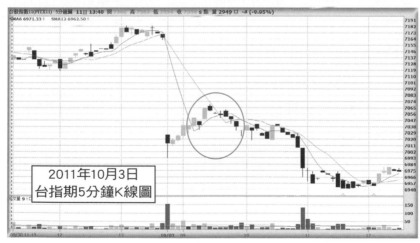

2011年10月3日
台指期5分鐘K線圖

POINT

投資人的行為心理是存在某些規律的，不過，像「一定會這樣」之類很武斷的說法，還是應該保留。

04 開盤即出現很長上影線

圍繞股價而進行的攻守行為必然會反映在走勢圖上。

比如,「很長的上影線」就表明「在高價區有很強的賣出力量在等待」。

如果在高價區有這麼大的賣出壓力,那麼,所有長了眼睛的投資人在看走勢圖時,就會產生「此時買入是相當危險」的想法,因此,看跌勢力抬頭,股價迅速下跌。所以,一開盤就出現很長的上影線,就是做空頭的機會。

不過,投資人一定要牢記,上影線所反映的是投資人在「一段期間內」的心理,也就是股價不會因為那一根上影線就無限制的下跌,當價格下跌,處在一格相對低價區間進行盤整之後,買入勢力反而會占上風。

在交易當中,要求反應和動作都要快。即,只要看清了方向,就馬上採取相應的對策,一旦看到出現了逆向的趨勢就馬上順應這種趨勢而動。

「上影線」是最基本的賣出信號。在以行情的微小變化為目標的交易當中,它的應用範圍是相當廣的。

①
報價
牌
資訊

②
買進
訊號
單K線

③
買進
訊號組
合型態

④
賣出
訊號
單K線

⑤
賣出
訊號組
合型態

⑥
勝者
專訪

⑦
【附錄】
保力加
通道

圖4：開頭出現很長上影線後，應賣出

圖片來源：XQ全球贏家

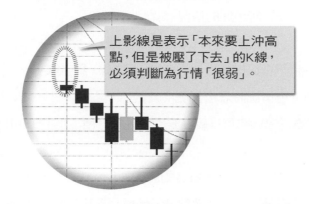

上影線是表示「本來要上沖高點，但是被壓了下去」的K線，必須判斷為行情「很弱」。

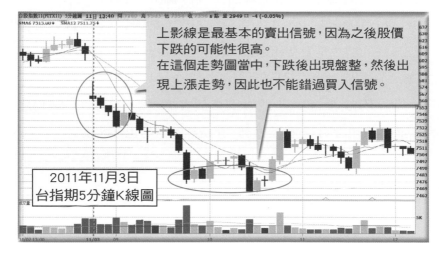

上影線是最基本的賣出信號，因為之後股價下跌的可能性很高。
在這個走勢圖當中，下跌後出現盤整，然後出現上漲走勢，因此也不能錯過買入信號。

2011年11月3日
台指期5分鐘K線圖

POINT

早上第一根5分鐘K線是很長的上影線，就表明在高價區賣出量很多。

05 上影線＋下影線，然後呢？

看股價圖時常常會遇到單根判斷很明確的信號，但組合起來卻叫人不知該如何是好的情況。

例如，右頁宏達電9月23日的股價圖，一開盤先是上下震盪的高浪線，接著先後出現長上影線、長下影線、十字線。

遇到這種情況時怎麼辦呢？

從結論來說，它可以視為是「盤整的一種」。另外，可以從成交量來看。

以宏達電為例，這種知名的股票，人氣一直相當旺，但當天的成交量完全呼應了5分鐘K線圖，有種「搞不清楚應該何去何從」的感覺，好像所有投資人都在等待，因為成交量下降。像這種情況，最好的辦法是直接跳過去（因為可視為盤整），直接看下一根K線。

通常成交量很少時，影線又多於實線。接下來下跌的成份居多，而最後也證明，的確是跌勢。在這樣的跌勢也可以放空。

● **圖5：上影線之後是下影線，然後呢？**

圖片來源：XQ全球贏家

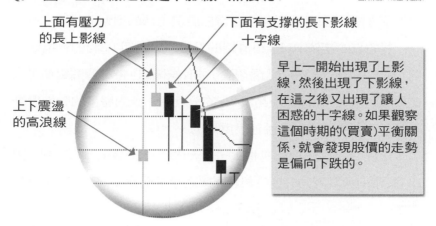

上面有壓力的長上影線

下面有支撐的長下影線

十字線

上下震盪的高浪線

早上一開始出現了上影線，然後出現了下影線，在這之後又出現了讓人困惑的十字線。如果觀察這個時期的（買賣）平衡關係，就會發現股價的走勢是偏向下跌的。

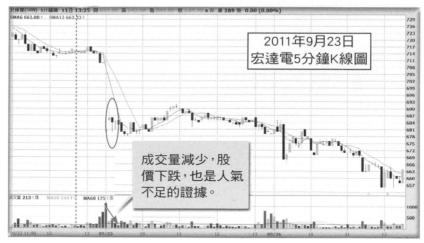

2011年9月23日
宏達電5分鐘K線圖

成交量減少，股價下跌，也是人氣不足的證據。

POINT

雖然十字線不是賣出信號，但是說明買賣勢力正處於平衡，也就是双方在較量。所以，由下一根K線來判斷它的方向。

① 報價牌資訊

② 買進訊號單K線

③ 買進訊號組合型態

④ 賣出訊號單K線

⑤ 賣出訊號組合型態

⑥ 勝者專訪

⑦ 【附錄】保力加通道

06 上漲後的「陽孕陰」

　　「陽孕陰」，是行情將疲軟的信號。因此，如果在股價上漲後出現了這種信號，此處就可能是當前股價上漲的頂點了。

　　從右頁的範例中可以很清楚的看出，以11月10日的台指期為例，當天一共出現了6次「陽孕陰」的K線圖組。每一個圖組都可以是放空的機會，在短線交易當中，充分利用一天內發生的股價變動不斷獲取利潤並積累收益是很重要的。

　　即使只是同一項交易標的，一天內也可能發生多次波動，因此，經常有人針對同一項交易標的（通常是期貨）一天內反復交易多次。

圖6：高價圈出現「陽孕陰」價格易下跌

圖片來源：XQ全球贏家

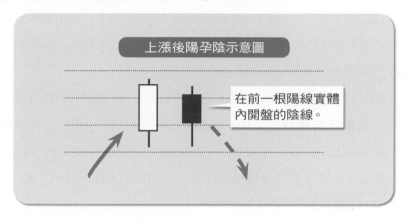

上漲後陽孕陰示意圖

在前一根陽線實體內開盤的陰線。

在高價圈出現陽線包住陰線的形態即「陽孕陰」，之後股價一般會下跌，以本圖為例，只有第1次沒有下跌，其他都有程度不同的下跌。

第1次　第2次　第3次　第4次　第5次　第6次

2011年11月10日
台指期5分鐘K線圖

POINT

對於專門單一標的交易的投資者而言，這是非常有利的波動。短線交易的優勢就在於行情是否上下波動以及能否有效利用這種波動。

07 小陽線被大陰線包住時

5分鐘K線能夠非常準確地反映股價變動中的力量關係。

這裡列舉的「包線」，是小陽線被大陰線包住，在股價處於高價時出現這種形態，就表明否定了上漲趨勢，股價即將大幅下跌，因此，買賣的力量關係明顯傾向於「對賣出有利」。

這種包線出現之後，常見陰線持續出現，股價步入下跌通道。當然，股價不會無限地下跌，但是，投資者看到「包線」這種信號時，就會判斷為「這時應當賣出了」，因此，股價會持續下跌一段時間。因此，一旦看到這種信號，如果不馬上採取「賣出獲利」或「放空」，短線交易就不易獲利。

📀 圖7：出現包線後股價易下跌

圖片來源：XQ全球贏家

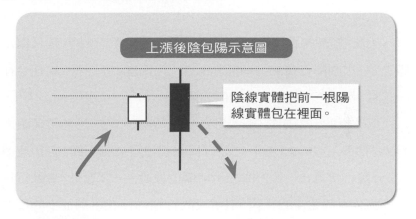

上漲後陰包陽示意圖

陰線實體把前一根陽線實體包在裡面。

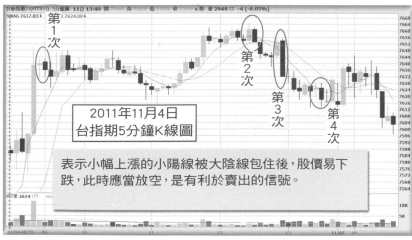

2011年11月4日
台指期5分鐘K線圖

表示小幅上漲的小陽線被大陰線包住後，股價易下跌，此時應當放空，是有利於賣出的信號。

① 報價牌資訊

② 買進訊號單K線

③ 買進訊號組合型態

④ 賣出訊號單K線

⑤ 賣出訊號組合型態

⑥ 勝者專訪

⑦ 【附錄】保力加通道

POINT

出現大陰包小陽表示投資者的想法都傾向於賣出，因此，如果此刻買入就是愚蠢之舉了。

153

08 高價圈盤整持續很長時間

前面已不斷的說明，5分鐘K線充分反映了當時參與買賣者的投資立場。

因此，雖然是1根K線，也可根據它是陽線還是陰線、是長還是短等等，來判斷行情的方向性和強弱。何況當2根、3根K線組合在一起時，就能更清楚地看懂股價的傾向。

以右頁的台指期為例，9月26日一開盤，首先迎來的是讓人看了心情很沉重的大陰線，之後行情雖然沒有立刻下跌，但卻連續15分鐘行情處在一個很窄的水平價位波動，一般說來，急跌行情至少應該有個像樣的反彈，但當天的行情卻停在一個很小的價位區間盤整，完全看不到反彈的力量。當行情來到這裡，投資人應該要很直覺的感覺到，空頭醞釀的力量應該相當強，但會不會真的是空頭呢？還是等行情表態。

果不其然，下一根K線即跳空下跌。

從這樣子來看，可以評估目前並沒有很強的買入勢力。這個時機正適合進行「放空」。

◯　圖8：大陰線＋跳空跌破盤整區＝趕快賣

圖片來源：XQ全球贏家

開盤第一根就
大陰線。

如果出現了多根陰線在高
價盤整持續一段時間，股
價就容易轉為下跌。

跳空下跌

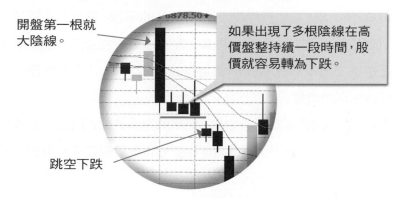

台股指數11(TTX11) 5分鐘圖　11日 13:40 開 7560 高 7563 低 7554 收 7558 s 點 量 2949 口 -4 (-0.05%)
SMA6 6856.17↓　SMA12 6878.50↑

早上一開始出現了很長的陰線，其次出現排
列整齊的上影陰線，就暗示股價很弱。

2011年9月26日
台指期5分鐘K線圖

POINT

大陰線+向下跳空跌破盤整區，可以預測股價將繼續下
跌。

① 報價牌資訊
② 買進訊號單K線
③ 買進訊號組合型態
④ 賣出訊號單K線
⑤ 賣出訊號組合型態
⑥ 勝者專訪
⑦【附錄】保力加通道

09 上影線＋陰線＝很弱的盤

請先看右頁的範例，宏達電當天開盤雖然是收陽線，可是上影線很長，下一根K線也同樣是上影線很長的陽線，雖然早上行情上漲，但連續2根陽線均是帶上影線，說明今天可能會是很弱的盤，接著下來又出現陰線，在此，更可以大膽的判斷，「今天很難出現比現在更高的價格」。

在走完上面的K線組合之後，出現的是「下影T字線」，若要用「下面有支撐」那是不合理的，因為它充其量只能當成是有些投資人被低價吸引而買入而已。

宏達電當天的走勢相當有趣，在十字線(T字線)之後的三根K線跟開盤後的三根K線組合是一模一樣的，顯然，行情還是「欲振乏力」。

如圖所示，早上的盤整之後下跌，發生大幅反彈的可能性極小，因此，這種股價波動對於賣出是很有利的，不可錯過。

高價賣出的信號是，「上影線」、「陰線」的組合。對早上出現的這種組合進行分析，可以看清這一天的股價的方向性，因此，應當有效地使用它。

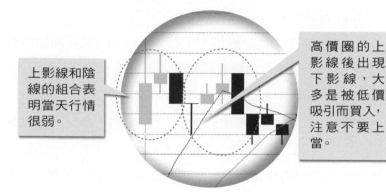

🌐 **圖09：上影線＋陰線，遇到下影線也不易反彈** 圖片來源：XQ全球贏家

上影線和陰線的組合表明當天行情很弱。

高價圈的上影線後出現下影線，大多是被低價吸引而買入，注意不要上當。

①
報價
牌
資訊

②
買進
訊號
單K線

③
買進
訊號組
合型態

④
賣出
訊號
單K線

⑤
賣出
訊號組
合型態

⑥
勝者
專訪

⑦
【附錄】
保力加
通道

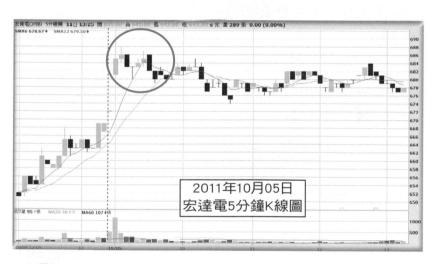

2011年10月05日
宏達電5分鐘K線圖

POINT

高價圈出現了上影線，再出現陰線，之後容易下跌。

10 向下跌破對稱三角形

股價的波動幅度愈來愈小，且振幅逐漸變成上下對稱，這種走勢圖被稱為「對稱三角形」。

對稱三角形的特點是，股價不上行也不下行，沒有強烈的波動，只是上下小幅波動，且這種波動幅度逐漸縮小，最後幾乎變成了「上下同價」的局面。

這樣的話，未來股價不是上行就是下行，走勢不是「升勢」就是「跌勢」。

這裡做為範例的行情波動，在下一個階段出現了大陰線，因此，就變成了明確的下跌走勢。

為什麼呢？

因為在盤整過程中突然出現了大賣出，賣方勢力增強了。在這種走勢下，跟隨賣出的力道是比較合適的，千萬不能「被低價吸引而買進」。

股價雖然在大陰線之後有所回升，但是後來又下跌，所以下跌是大勢。

能看清「方向是向下」這種大局進行交易，是很重要的。

如果「放空」不成功，是因為投資人沒能看清大局，剛出現了一點反彈跡象就急著空單回補。走勢圖可以幫助我們避免這種失敗，因此，要充分理解它發出的信號並靈活應用。

圖10：要注意對稱三角形之後的下跌

圖片來源：XQ全球贏家

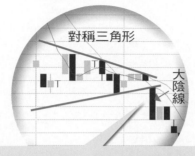

對稱三角形

大陰線

在高價圈股價的上下波動幅度逐漸縮小，形成對稱三角形後，如果出現了陰線，很明顯股價會下跌。

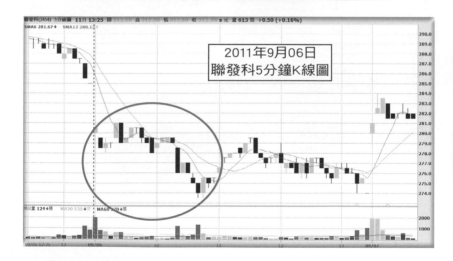

2011年9月06日
聯發科5分鐘K線圖

POINT

在三角形盤整過程中形成了底部頸線，如果向下跌破該頸線，應當立刻賣出。

① 報價牌資訊

② 買進訊號單K線

③ 買進訊號組合型態

④ 賣出訊號單K線

⑤ 賣出訊號組合型態

⑥ 勝者專訪

⑦【附錄】保力加通道

Part 6

勝者專訪

期貨勝者專訪

受訪人：約瑟(Joseph)

期貨交易資歷：

2005年起至今(2011年11月)

投資經歷中最驕傲的事：

因為要學好投資，而變成一個講究整齊、

規律且重視生活品質的人。

賠過最痛的經歷：

3天賠20萬(學生時代)。

賺過最美的經歷：

1週資產倍翻。

本次受訪的主題：

如何從「初學者」升級到「交易者」

01 還在當初學者，我的想法是……

2005年，是我的「期貨元年」。

當年，我還是個研究生，同學們大概都外面打工或是幫教授做一些助理的工作，我當然也想有一些收入，但實在不想把時間花在處理那些很制式的工作，所以，我就利用身邊的10萬元，開始投資。

10萬塊能做什麼投資呢?

記得那天在我書店晃來晃去，突然看到一本跟投資理財有關的雜誌，以前我從來不翻閱過這一類的雜誌，但那次不經意地把它拿起來翻一翻，裡面就介紹了一種投資方法叫「台指期」，我很認真的把它看完，心想，就是它!

之後，我就開始在圖書館把有關我能找到台指期、股票能借得到的書都看過一遍，接著再上網找資料，忘了「研究」多長的時間，總之，那時候我得到一個初步的結論――期貨賺錢很快、風險很高，不能隨便就操作，一定要先有所準備。

現在回想起來，我那時候的觀念還滿正確的。不過，再想一下，其實觀念是正確了，但做法不怎麼正確。這是後話。

總之，我在手頭的預算不多又沒有任何投資經驗之前，就把做期貨這件事像考聯考一樣，先花了一筆3萬6千塊錢的「補習費」，在某一位「老師」的教室裡上了一陣子課。

前面第一個月，一方面是「有學習真的有差」再加上運氣不壞，操作也很順利，很快的就有一大筆獲利，不過，因為每一筆交易都是在不怎麼確定下進出，說真的，那種高壓力也叫我常反問自

① 報價牌資訊

② 買進訊號單K線

③ 買進訊號組合型態

④ 賣出訊號單K線

⑤ 賣出訊號組合型態

⑥ 勝者專訪

⑦ 【附錄】保力加通道

己,是嗎?這就是我要用來做為「打工」的方法嗎?

記得那時候有同學問我,做期貨好像可以賺很多錢之類的問題,我一概告訴他們,期貨不好做。說真的,我那時候還滿羨慕同學可以悠哉悠哉打工的。我一直覺得自己所用的方法,是有可行之處,但總是覺得很疲勞、壓力很大,不管賺或賠,收盤後,有種「虛脫感」,也說不上是什麼地方不對,或者說,自己知道有些地方是應該改進,但那時後整體的操作還算可以,就沒有非常在意。

事實上,初入期貨這行,我的錢很有限,本金10萬塊,去掉學費3萬6再加上買書的錢,一開始最多就是2口小台指,可是對學生來說,這是很大的一筆錢,當初的目標是,只要我能每個月賺進跟同學打工一樣的錢(約2萬元)我就滿足了。

這樣的目標,第一個月、第二個月我都達到了,但好像在第三個月(或第四個月)災難發生了,一個行情看錯,又很不自量力的留倉,才兩天時間,我就被斷頭了。

快20萬元的保證金,就2、3天時間就只剩下2萬多。

若不是室友即時的提醒,我得留下一點錢繳房租,很有可能本來生活還過得不錯的我,就這麼幾天的犯錯,可能就得過著被房東趕出去,連便當都買不起的流浪漢生活。

就那麼一下子,我關掉電腦,一個人在街上從街頭到街尾,不知道到底走了幾次,那時候的感覺是:好不真實,這一切都不真實,我覺得開始去券商那裡開戶、出金、入金、上課、在網路上和人討論、交易……都像一場夢,完全的不真實。

　　「我不是很驕傲的在網路上『教訓』人家，一定要看書、一定要找有經驗的老師上課、一定要停損……嗎?」在街上，我一直反問自己「為什麼到頭來，我的下場卻是如此悲哀?」

　　一方面是錢不夠了(這是最大的關鍵)，二方面，也剛好面對繁重的課業壓力，所以，在那次之後，有一段時間我沒有做交易。

　　接著，學校畢業、順利找上工作，在穩定了一段時間之後，有一天我走在之前很消沉走過的那一條街上，也不知道為什麼，就有那麼一個念頭:原來，我失敗在沒有明確的交易規則!

　　「有啊，我是有交易規則的。」我反問。

　　「但你沒有持續!」我回答。

　　「因為我沒有極大的信心，所以，我才沒有100%守規則。」我反駁。

　　「那你應該找出讓自己很有信心的規則。」我再問。

　　「豬頭啦，期貨根本就沒有那種100%會獲利的方法」我說。

　　「所以，你的意思是，若再回到市場，終究還只是加入一場賭局?」我問。

　　「若交易的方法，可以經過反覆驗證，在機率與獲利率的搭配上產生出一個合理的值。而這個反覆驗證，也驗證到讓自己極度有信心，因為你很有信心，所以，就會很自然的不用什麼耳提面命、貼小紙條之類的提醒，它就內化成你的習慣，那麼，你就成功了。」我說。

　　……

① 報價牌資訊

② 買進訊號單K線

③ 買進訊號組合型態

④ 賣出訊號單K線

⑤ 賣出訊號組合型態

⑥ 勝者專訪

⑦ 【附錄】保力加通道

建立規則是最重要！

一路的自問自答，我好像突然懂了點什麼東西，但還是有點模糊，不過，可以知道的是，過去，我太把焦點放在懂很多交易的技術，比方說，掌握買點、賣點、看盤功力、準不準之類的事了。

期貨獲利跟「技術」沒有太大的關係，它跟「規則」比較有關係⋯⋯。

回家後，我重新回到市場，但不是真的市場，而是花很多時間做模擬交易。在模擬交易中，我不斷的對我的交易方法、勝率的計算方式檢驗、測試，一方面是找回信心一方面也是磨練經驗。

🌏 期貨失敗的兩個原因

期貨失敗的原因之1	期貨失敗的原因之2
沒有深刻的 考慮交易規則	**沒有完全清楚 槓桿與停損**
不清楚設定交易守則意義， 也不清楚 對自己操作的期望值。	沒有考慮槓桿的危險性 及利用停損以限定損失。 只想到槓桿會增加獲利。

除了這一點體悟，接著，我還看到我的一項錯誤，就是我早期的交易沒有控制交易次數。

你有想過，「槓桿」和「停損」是什麼關係嗎？

期貨說是投資，但事實上它更是一種投機，最終來看也算是賭博的一種。所以必須明確把握每次的勝負，包含成本自己會花多少錢。也因為這樣如果槓桿高的話，就應該要把停損的幅度縮小，這樣一來每次交易輸的風險就可以縮小在一定的程度內。

這就是決定槓桿與停損幅度的規則。

簡單的說，在有信心的時候增加交易的口數，並且把停損幅度縮小；但是在沒有信心的時候，就減少交易口數，並且將停損幅度擴大。

也就是說，如果你用比平常還大的交易單量交易時，若你所設定的停損幅度也跟平常一樣，那麼，只要輸1次就會產生大虧損。也會對以後的操作帶來負面的影響。

還有，就是交易次數太多也會使人不能像計畫的那樣賺錢。

我認為，以初學者來說，最好先1天做1次交易就好。因為對投資人來說，在期貨方面，我們可以掌控的東西很少很少。

初學者常犯一個迷思，我們以為我們會看均線、會看成交量、會看匯率、會看K線，會看最新的消息……這些，我們好像以為自己擁有的「武器」很多。錯了。我們在行情的波動中，自己所會的那些「武器」跟行情比較起來完全不算什麼東西，唯一可以掌控的，只有我們要每一次交易多少口、每一天交易多少口而已。

減少交易，就減少投資成本。

最初做交易，我的操作可以說是沒有範圍，只是照書上寫的方

法去做。例如，只要看到黃金交叉出現就買進。確實，許多人應該都有這樣子的經驗，當移動平均線發生黃金交叉時行情就會上漲，但事實上，下跌的機率也很高。

為什麼呢？

後來我發現，當時我並沒有考慮甚麼時候黃金交叉是有用的，甚麼時候是沒有用的。只是全盤接受獲得的資訊。這是不對的。

操作期貨獲利的人有各種各樣，比起要用甚麼方法比較好，不如說找到適合自己的方法更能夠接近勝利。另外就是當時我的操作彈性也不夠。例如，我會用一套同樣的方法既操作台指期也操作電子期跟金融期。這種一體適用的交易通則，並不正確，不同商品都有不同商品的特性。看起來很像，但他們不一樣。

① 報價牌資訊

② 買進訊號單K線

③ 買進訊號組合型態

④ 賣出訊號單K線

⑤ 賣出訊號組合型態

⑥ 勝者專訪

⑦【附錄】保力加通道

以前操作期貨失敗的原因

以前，對書上寫的毫無懷疑照單全收，就直接交易……

期貨初學者的想法 ✖

買進
黃金交叉

看到黃金交叉這種基本的訊號就買進，沒有驗證也沒有設停損點。

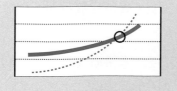

期貨初學者的做法 ✖

賣出
死亡交叉

看到死亡交叉這種基本的訊號就賣出，沒有驗證也沒有設停損點。

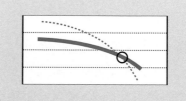

02 為了脫離初學者我的學習方法

我認為在期貨市場中可以獲利,最有效的就是跟實際已經在操作期貨的人學習(但初學者也一定要小心,不要在網路上被詐騙了)。

我觀察過,喜歡操作期貨的人,有一大部份是不喜歡與人接觸,或者說,討厭人際關係討厭應酬的人。但是,這是不行的。操作期貨可以很孤單,但要提升技術一定要想辦法參加各種研討會、網聚,有機會的話,聽演講、和知名的投資者、作家聚會,有助於提升自己的實力。

有一段時間,我對自己的交易還滿「臭屁」的,但有了一次跟知名作者座談的機會,我的衝擊很大,因為我發現操作期貨很成功的人,他們都是很愛學習,而且也很重視自我提升,也不避諱會向別人請教,甚至於,他們比我想像的還要謙虛。例如,有一次跟某位知名股票作者見面,他還很大方的讓我看他的交易筆記,他甚至很持平的說,即使一直不斷的改進交易技術與徹底守交易規則,但真正交易時還是會「卡卡」,記得那一天,我跟那位知名作者聊到很晚,到最後我們還歸納出一個小結論:會不會我們好不容易找出來的「交易規則」與時間、天氣有關?

像這樣,一邊持續的檢驗交易守則,一邊讓自己持續成長,一面找比自己程度好的期貨同好切磋,我個人覺得是很重要的事情。總之,期貨交易者很忌諱陷入「孤單」。

當然,這裡所建議的,絕對不是那種找人拚命問行情類型的,若是找人問行情,或是完全聽命別人對行情的觀點,那就一點也不

可取，甚至應該完全避免。我這裡所指的，絕對不是鼓勵讀者在網路上與銷售軟體或是用即時通報行情之類的做互動（原則上，我個人並不建議，因為股票可能還有選股的問題，但期貨並沒有辦法跟隨別人的研究操作），而是要找到能在技術與操作手法上，可以互相提升的朋友。

●　為了擺脫「初學者」我採取的學習方向之一

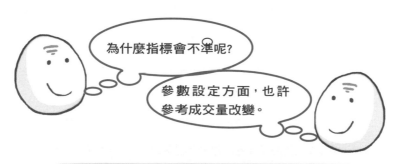

為什麼指標會不準呢?

參數設定方面，也許參考成交量改變。

與成功人士交流
接受建議、提升交易技術

①
報價
牌
資訊

②
買進
訊號
單K線

③
買進
訊號組
合型態

④
賣出
訊號
單K線

⑤
賣出
訊號組
合型態

⑥
勝者
專訪

⑦
【附操】
保力加
通道

03　我的失敗檢討……

　　人的行動受什麼影響最大呢？當然是心理。心理是因，行動是果，因此，在選擇技術分析的指標上，我偏向從最熱門的，也就是大家都熟知的技術指標，而捨棄冷門的技術指標。

　　我最常用的技術指標工具是保力加通道（Bollinger Bands）（編按：附錄附有由「股票超入門08－短線高手」一書中所摘錄有關保力加通道的繪製與指標原理）。其中，我特別重視移動平均線的反彈力量。所謂反彈力量就是：將移動平均線視為支撐線、壓力線的作用力。例如，上升趨勢時我會觀察移動平均線與Bollinger Band+2σ間的動態。

　　即使是像MACD那樣比較受歡迎的工具，基本上也是使用移動平均線，並且MACD的黃金交叉跟死亡交叉也經常成為買賣信號，但是比較來說，我個人認為，用MACD在期貨操作上，訊號並沒有很明確，所以，使用起來就比較沒有信心。我不喜歡這樣不明確的工具。相對的，我認為用保力加通道（Bollinger Band），進場時機、出場時機的點都可以很明確。

　　至於在參考移動平均線時，我特別重視均線的斜度。因為從傾斜的角度可以看出市場的趨勢。

　　其次我也區分交易時間。例如，除掉初開盤和收盤前之外的「一般時間」，行情要突破壓力或支撐力道通常比較小，一般時間裡，行情經常只會在保力加通道與移動平均線之間單邊徘徊，但剛開盤後與收盤前，成交量比較大，行情動能大、K線長，移動平均線就經常會被突破。

我對行情的觀察

圖片來源：XQ全球贏家

> 一般時間裡，行情波動常侷限在均線與＋2δ或均線
> 與－2δ之間。當然，還是常見突破均線的情形，只是跟
> 開盤後、收盤前的時間段相比，波動通常比較平和。

2011.10.21
台指期5分鐘K線圖

開盤後

收盤前

> 開盤後、收盤前的時段，行情動能
> 大，價格比較會突破移動平均線。

　　另外一個我脫離初學者所做的事就是不拘泥只做台指期，也包含金融期、電子期或股票都是標的。

　　以前我只看日線跟小時線。但是後來我發現，只看這種時間線經常跟交易守則無法配合，即使想要操作也沒辦法。所以，後來我改看5分鐘線、1分鐘線，外加60分鐘線、10分鐘線。

①
報價
牌
資訊

②
買進
訊號
單K線

③
買進
訊號組
合型態

④
賣出
訊號
單K線

⑤
賣出
訊號組
合型態

⑥
勝者
專訪

⑦
【附錄】
保力加
通道

在交易標的選擇上，我沒有固定只做那一種商品，而是配合實際狀況。通常是以圖形為主，看那一種商品當時圖形的走勢是我最有把握的，我就以它當成交易標的。近一、兩年我也做很多股票，只是持有時間都不長，大約是一週以內。

原則上，我不太看新聞，因為經驗告訴我，有時候自己常被新聞左右了判斷，這樣反而難以獲利。

不管是選擇標的還是選擇線圖，重要的是要學習不要束縛自己、提高操作的彈性。這也是我在脫離初學者上面一個重要的轉折點。

以前操作期貨失敗的原因之一

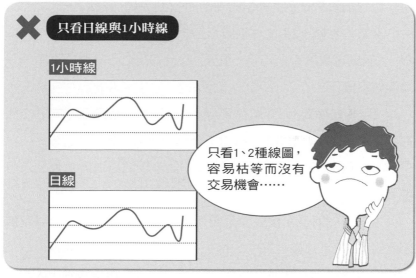

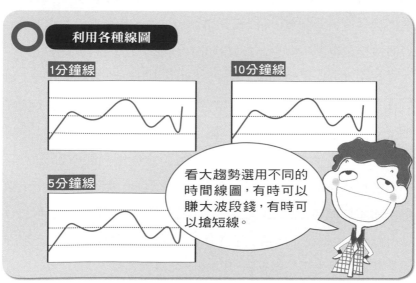

04 我的「不操作守則」

跟設定操作守則一樣,我也設定了不操作的守則。

我認為嚴格設定不操作的守則,也是勝利的關鍵之一。

當家人身體不適、工作很多,沒辦法看圖表的時候就不操作期貨。這個設定是以家人為第一重要,還有就是自己身體不舒服的時候絕對不操作。

「就算是像傑西·李佛摩那樣的交易超人,在黑黑暗暗的空間裡看盤交易,還感冒頭痛大概也不會贏吧」我總是這樣子想。

身體狀況不好,判斷力也會遲鈍,對市場的急速變化無法及時做對應。

這一個守則是在檢視績效時所歸納出來的,我發現自己身體不舒服時,經常都發生很大的損失。甚至對於我來說,天氣也是很重要的因素。天氣晴朗時我的獲利狀況都不錯,可是碰到下大雨時有時候往往會偏頭痛,所以操作情緒就不好。最後操作的還是人,以我來說是絕對不會想在天氣差的時候處理大筆交易單的。

以上是我自己歸納的「不操作守則」,但我相信不是每個人都一樣,我也碰過那種「只有在逆境才能發揮實力」的人,像我一位好朋友,他就告訴我,當他面臨到斷頭危機時,總會很神奇的「逆轉勝」,反賺進一大筆錢,所以,他總把保證金壓縮到很小的部位,且一有獲利就讓家人強制把獲利部份出金,但是,我認為那是極少數的天才才能辦到,至少我完全不行這樣,我總要在一切生活都很OK,保證金也很充足的情況下才能冷靜思考,嚴格說來,我是那種完全無法忍受生活失序下還可以操作期貨的人。

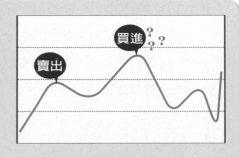

決定我的
不操作守則

1 身體不好時，不操作！
2 家人生病時，不操作！
3 價格波動看不懂時，不操作！
4 打雷時，不操作！

▶ **我的技術面參數**

從技術面來說，價格變動與25MA的關係性如果不好的話，原則上我絕對不出手。

具體來看，只要是K線的影線在25MA的圖表沒有明顯的趨勢時，就不進場操作。

但是相反的，當K線接近25MA，在交叉之前方向變換，感覺到阻力時，我就喜歡那樣的操作機會。

嚴格設定操作的守則、不操作的守則，並且切實遵守就是我的交易風格。

① 報價牌資訊
② 買進訊號單K線
③ 買進訊號組合型態
④ 賣出訊號單K線
⑤ 賣出訊號組合型態
⑥ 勝者專訪
⑦【附錄】保力加通道

　　而設定這些守則的根本就是停損的幅度。

　　以前我決定守則時，只想到利益。但是從經驗與不斷的試算的結果，我發現即使利益再小，如果可以控制損失的話，即使勝率很低，但整體來看還是贏的。

05 脫離初學者後的投資手法

之前已經說過，我喜歡使用多人使用的工具，這樣最容易反映出市場心理，其中我最重視的是保力加通道。另外，最常參考的還有趨勢線、支撐跟壓力。並且我會在日線、周線、月線圖表上畫出這些技術線。判斷底部、頭點的基準就是：當超過趨勢線、支撐線、壓力線之後，是否具有支撐或壓力的功能。

我脫離賠錢的時期，開始穩定賺錢的方法，最主要就是使用保力加。

如何使用保力加通道呢？我的想法非常簡單——

也就是K線在移動平均線(15MA)上的話就是上升趨勢，在下面的話就是下降趨勢。

另外一個判斷趨勢的標準就是移動平均線的傾斜度。看移動平均線往哪個方向傾斜來做為趨勢的判斷，往上的話是上升，往下是下跌，如果橫向的話就市場混戰。當市場混戰時，移動平均線是不具有支撐線或壓力線的功能的，所以，當移動平均線幾乎是水平時，行情只是在+2σ與-2σ之間變動。

相反的，如果在價格有動能朝某方向變動的話（也就是有趨勢的情況下），移動平均線的傾斜程度就會很明顯，並且發揮支撐線或阻力線的力量。我在這個基本法則中發現了可靠度很高的分辨方法，所以將賺錢的操作方法模組化。

①
報價
牌
資訊

②
買進
訊號
單K線

③
買進
訊號組
合型態

④
賣出
訊號
單K線

⑤
賣出
訊號組
合型態

⑥
勝者
專訪

⑦
【附錄】
保力加
通道

● 我所採用「模組化」的交易特徵

①	②
以保力加通道的 +2δ、−2δ、 移動平均線為基準 目標是低買高賣	價格 波動大時 以短期線為基準 追求最大利潤

　　以下舉實際的例子來說明我如何模組化－－

　　首先，我針對移動平均線的傾斜度和Ｋ線的位置先判斷現在的趨勢是上升的。

　　接著，在上升趨勢時的低點買進，買進的位置是Ｋ線先碰到+2σ線再碰到移動平均線的時候（如果沒有碰到+2σ，表示上升的能量還不夠，可靠度就不高）。

　　碰到+2σ之後掉下來，Ｋ線要先碰觸到移動平均線，在有了「第一次接觸」之後，接下來若出現Ｋ線的開盤在移動平均線之上的話，就立刻買進。

　　我的方法是不去看還在波動中的Ｋ線。而是確定移動平均線已經充分具有支撐線或壓力線的功能，也就是，當評估行情將上漲的話，我會買在Ｋ線在移動平均線之上開盤的地方；當評估行情

將下跌的話，我會放空在K線在移動平均線之下開盤的地方。

　　決定進場的條件還有一個：考慮K線跟±2σ線的距離是否滿足目標價格幅度。之前提過，我是以停損幅度為基準決定獲利幅度。也就是要在哪裡設置停損線決定了實際上是否要進場。

　　如果以上升趨勢為目標，就在移動平均線下方的K線影線開始時做停損。要在這個基本守則上再加強的話，價格波動是否「動能很大」也很重要。例如，早上開盤後、中午收盤前動能通常比較大，我就會設定比較大的停損點，以台指期為例，若我一般設20點，在那種行情波動人的時間我就會設到30點。因為在行情波動大的時間帶，若停損設得太淺，一下子就會碰到我所設的停損點。

　　而用這種方法進場之後，基本上停利點設在到達±2σ的地方。但是如果是行情波動大的時間段，價格往往不會「就此打住」而是高點(低點)一直不斷的創波段新高(新低)，那麼，我就會參考更長一點的K線圖，例如，本來我用5分鐘線看盤，就會把10分鐘拿來看一下，看看在10分鐘線行情強度的表現如何?以10分鐘線來看，它行情的位置如何?是在初升段?還是末升段?再決定是否要很快的停利出場，還是繼續持有部位。

　　原本就知道保力加通的讀者可能會問，保力加通道中除了±2σ線，之外，一般看盤軟體的預設值還有±1σ、±3σ，應該如何運用呢?我是完全不看±1σ、±3σ的。

　　理由是±1σ、±3σ我認為參考性比較低，同時為了不要顯示多餘的線，讓畫面看起來太複雜，所以我只看±2σ線。如果進場之

① 報價牌資訊
② 買進訊號單K線
③ 買進訊號組合型態
④ 賣出訊號單K線
⑤ 賣出訊號組合型態
⑥ 勝者專訪
⑦ 【附錄】保力加通道

後波動趨勢不如預期、達不到設定的價格幅度,我就會立刻結算出場。唯一的例外是,在價格與成交量都比較大的開盤後與收盤前,因為可以期待波動加速的關係,所以我會觀察一下狀況再做處理。

🥥 我所決定進場做多的判斷方法

我的買進判斷

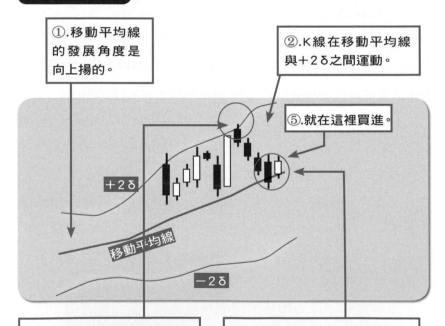

①.移動平均線的發展角度是向上揚的。

②.K線在移動平均線與+2δ之間運動。

⑤.就在這裡買進。

③.K線要有力道碰到+2δ(只要是影線碰到即可),否則就不算哦,因為行情沒有力道打到+2δ很可能上漲力道是不夠的。

④.行情碰到+2δ之後回檔碰到移動平均線,均線還有力道把它「彈回去」。也就是行情先碰到均線之後,第一根開盤價在均線之上的K線。

買進後我的停損與停利點

停利：
以這種方式進場，上升撞到＋2δ就可以決定停利。但仍應看以下兩
個規則停利。

A.假設是開盤後、收盤前的時段，可以判斷行情突破性很強，觀察
比較長的時間段看看有沒有機會再挑戰更多的獲利。例如，你用
5分鐘K線為看盤的主軸，這時候就看看10分鐘K線，看看均線、
保利加通道它的行情位置在那裡?如果你是用10分鐘K線為看盤
的主軸，這時候就看看30分鐘K線，看看均線、保利加通道它的
行情位置在那裡?依此類推。

B.在一般時段，我會等行情碰到＋2δ之後，若出現陰線就出場。

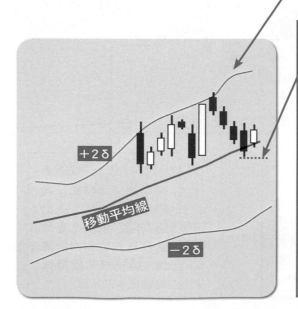

停損：
以第一次點到移動
平均的那根K線為
基準，可以在移動平
均線之下的行情做
停損基準。但，一般
時段停損可以設小
一點，在開盤後與收
盤前行情波動很大
的時段，就可以停損
設大一點。例如，一
般時段若設20點(以
台指期為例)，行情
波動大的時候可以
設30點。

我的放空判斷

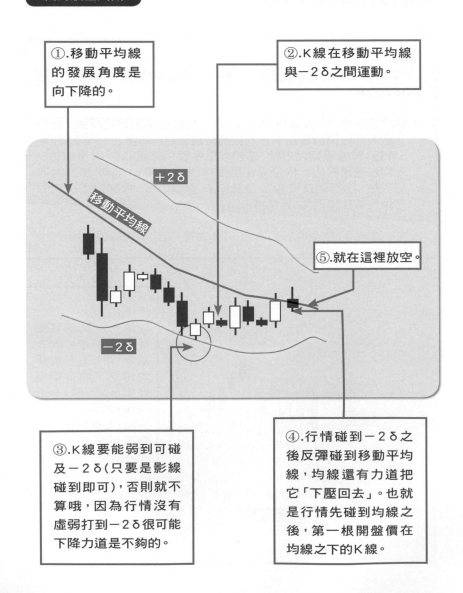

①.移動平均線的發展角度是向下降的。

②.K線在移動平均線與－2δ之間運動。

⑤.就在這裡放空。

③.K線要能弱到可碰及－2δ(只要是影線碰到即可)，否則就不算哦，因為行情沒有虛弱打到－2δ很可能下降力道是不夠的。

④.行情碰到－2δ之後反彈碰到移動平均線，均線還有力道把它「下壓回去」。也就是行情先碰到均線之後，第一根開盤價在均線之下的K線。

放空後我的停損與停利

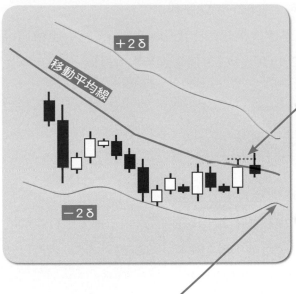

停損：
以第一次點到移動平均的那根K線為基準，可以在移動平均線之上的行情做停損基準。但一般時段停損可以設小一點，在開盤後與收盤前行情波動很大的時段，就可以停損設大一點。例如，一般時段若設20點(以台指期為例)，行情波動大的時候可以設30點。

停利：
以這種方式進場，下跌撞到−2δ就可以決定停利。但仍應看以下兩個規則停利。
A.假設是開盤後、收盤前的時段，可以判斷行情突破性很強，觀察比較長的時間段看看有沒有機會再挑戰更多的獲利。例如，你如果是用5分鐘K線為看盤的主軸，這時候就看看10分鐘K線，看看均線、保利加通道它的行情位置在那裡?如果你是用10分鐘K線為看盤的主軸，這時候就看看30分鐘K線，看看均線、保力加通道它的行情位置在那裡?依此類推。
B.在一般時段，我會看等行情碰到−2δ之後，若出現陽線就出場。

① 報價牌資訊

② 買進訊號單K線

③ 買進訊號組合型態

④ 賣出訊號單K線

⑤ 賣出訊號組合型態

⑥ 勝者專訪

⑦ 【附錄】保力加通道

06 保力加通道操作範例

前文摘要我原則性的操作手法,此外,我還有一些交易守則的細節,例如——

1.買進後,出現上影線的話就停利。

2.在上升中,連續幾根陽線之後出現陰線;下降中連續幾根陰線之後出現陽線時也要注意。這通常表示趨勢改變,所以可以先退場觀察。

▶ 碰到2σ線時不要急著進場。

一直很重視進場價格的原因是因為,進場價將做為決定停損幅度的基準。進場價出現在移動平均線上方,表示進入上升趨勢的時間點,所以,當下一個K線出現在移動平均線的下方時,就可以判斷並非上升趨勢,可以馬上做停損。

用實際的圖表來確認這個方法的有效性。

本文以2011年10月20日的台指期5分鐘K線為例(見範例一)。

首先觀察的是保力加通道中間的移動平均線。從9點20分跌到移動平均線之後,行情開始明顯的右肩下跌,可以很明確的判斷為下降趨勢。9點35分,行情下跌碰到-2σ線,可以判斷為賣方壓力很強。跌勢繼續加強,甚至跌出-2σ線之外,說明跌勢很強,接下來的將近2小時,行情幾乎是沿著-2σ線持續向下。

在遇到這樣的行情時,有時候我會轉向不同的時間線操作,但因為同時的其他的線也看不出很明顯的趨勢,所以還是持續用5分

①
報價
牌
資訊

②
買進
訊號
單K線

③
買進
訊號組
合型態

④
賣出
訊號
單K線

⑤
賣出
訊號組
合型態

⑥
勝者
專訪

⑦
【附錄】
保力加
通道

線來操作。

　　雖然看起來下跌的趨勢很明顯，但我不會在行情第一次碰到-2σ線就進場，我一定會先確認賣方壓力的強度之後，再進場，也就是，在第一次碰到-2σ線之後，反彈的K線第一次碰到移動平均線，看它的下一根K線的開盤價是否在移動平均線之下，若是的話，就再進場。

　　這個例子是在11點55分時碰到移動平均線，它的下一根K線開盤就在移動平均線之下開盤，從這裡放空。

　　12點35分，K線已經點到-2σ線，也是出場的時候了。

　　有關買進的例子，本文舉的同樣是台指期2011年10月25日（見範例二）。當天雖然開盤的第一根K線收陰線，但從移動平均線來看，仍是上升趨勢，不久之後，行情就上升碰觸到+2σ線，從這裡可以推斷，目前行情上升強度不弱，此時，我會盯著行情，等待K線向下回檔碰觸到移動平均線之後的反應。

　　9點30分收了一根陰線，下影線已經碰觸到移動平均線，9點35分開始的K線，開盤價在移動平均線之上，立刻買進。

　　9點55分，價格已經上升到碰觸到+2σ線，獲利了結出場。

　　除了這兩個5分鐘的例子之外，另外有兩個例子，分別是10分鐘K線與1分鐘K線的例子。讀者也可以用你的看盤軟體自，用歷史股價圖測驗看看，應該用那一種時間的K線圖比較適用。

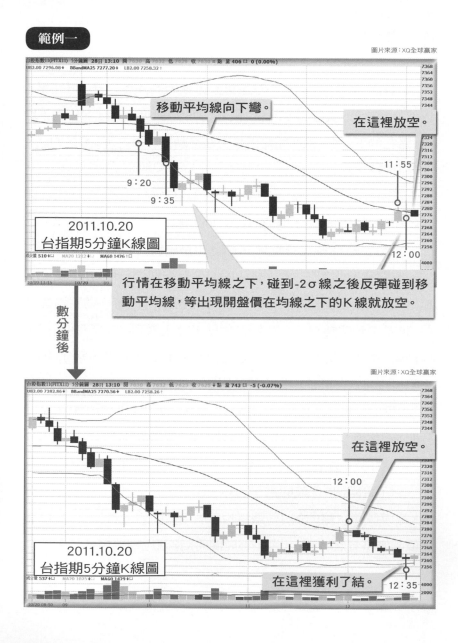

範例一

圖片來源:XQ全球贏家

移動平均線向下彎。

在這裡放空。

11:55

9:20

9:35

2011.10.20
台指期5分鐘K線圖

12:00

行情在移動平均線之下,碰到-2σ線之後反彈碰到移
動平均線,等出現開盤價在均線之下的K線就放空。

數分鐘後

圖片來源:XQ全球贏家

在這裡放空。

12:00

2011.10.20
台指期5分鐘K線圖

在這裡獲利了結。

12:35

① 報價牌資訊

② 買進訊號單K線

③ 買進訊號組合型態

④ 賣出訊號單K線

⑤ 賣出訊號組合型態

⑥ 勝者專訪

⑦【附錄】保力加通道

範例二

行情在移動平均線之上，碰到+2σ線之後回檔碰到移動平均線，等出現開盤價在均線之上的K線就買進。

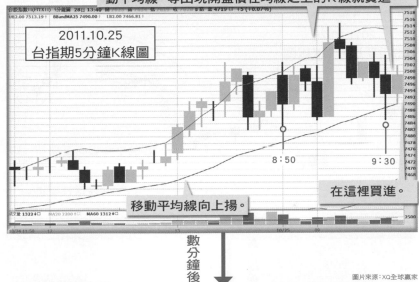

2011.10.25
台指期5分鐘K線圖

8：50　9：30

移動平均線向上揚。

在這裡買進。

數分鐘後

圖片來源：XQ全球贏家

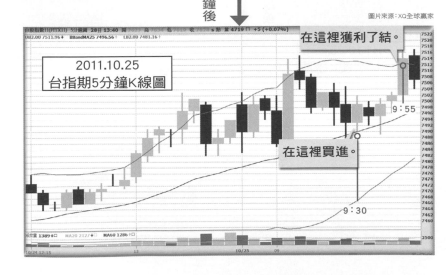

2011.10.25
台指期5分鐘K線圖

在這裡獲利了結。

9：55

在這裡買進。

9：30

189

範例三

行情在移動平均線之上，碰到+2σ線之後回檔碰到移動平均線，等出現開盤價在均線之上的K線就買進。

2011.10.25
台指期10分鐘K線圖

移動平均線向上揚。

在這裡買進。

數分鐘後

在這裡獲利了結。

2011.10.25
台指期10分鐘K線圖

在這裡買進。

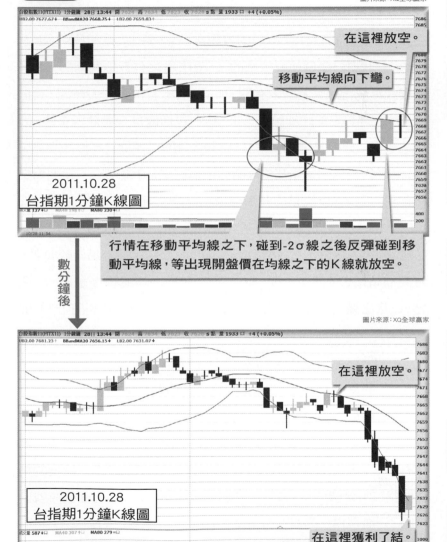

範例四

圖片來源：XQ全球贏家

在這裡放空。

移動平均線向下彎。

2011.10.28
台指期1分鐘K線圖

行情在移動平均線之下，碰到-2σ線之後反彈碰到移動平均線，等出現開盤價在均線之下的K線就放空。

數分鐘後

圖片來源：XQ全球贏家

在這裡放空。

2011.10.28
台指期1分鐘K線圖

在這裡獲利了結。

① 報價牌資訊

② 買進訊號單K線

③ 買進訊號組合型態

④ 賣出訊號單K線

⑤ 賣出訊號組合型態

⑥ 勝者專訪

⑦【附錄】保力加通道

07 對現在操作的想法

眼睛看不到的東西才更要重視！

初學者可能比較沒有這種感覺，但操作期貨有一定「資歷」的投資人一定認同，可以「冷靜的審視自己」，要比「獲利技巧」更重要，或許我自己是個比較敏感的人，跟市場沒有直接關係的天氣、健康我都覺得跟交易績效有關，所以，已經有很長一段時間，我把每天的交易日記都詳細記錄下來，其中包括像是身體狀況不佳、因為某事很忙碌但是還是從事交易、親友生病之類的，不管甚麼都記錄，漸漸的我就歸納出那些周圍的事情對交易有影響，一找到對交易有利的因素，就儘量的在那種情況下多交易，若是不利因素，就讓自己在發生同樣情況時控制自己完全不交易，但事實上，這個有點難，因為人常會落在一種「慣性」裡面，要自己多交易比較簡單，而要控制幾天（甚至只要一天）不交易都得經過很多爭戰。但我想，這是必要的。若投資人不去面對自己的弱點，就會被自己的弱點牽著走。

我認為，金錢會加強人的「特性」，屬於個人特質強的地方，在「金錢」的趨動之下，強的地方會更強，但同樣的弱的地方也會更弱。我常用那種突然中樂透，卻在短時間花光所有的錢的例子來警告自己。為什麼突然「暴富」的人無法「致富」呢？理由就是他已經擁有超過自己能擁有的錢，但是卻不懂管理。所以我想，投資的精神要從日常累積培養，特別是當虧損的時候，更要各方面檢討找出原因，一發現自己的弱點時要毫不手軟的打擊自己的弱點。人在面對金錢的誘惑時除了心思要更清明之外，別無他法能獲勝。會這樣

子說，是因為我也曾因為在金錢的誘惑之下藐視市場，覺得自己已經掌握了「獲利之鑰」而被市場狠狠的教訓。

　　人類也是動物的一種，一切行事都受到感情的控制，在投資方面，如果可以控制感情的話，就比較容易做投資的控制。也因此將痛苦跟快樂與期貨作連結是很重要的。單純的來說，當輸的時候感到痛苦沮喪，當贏的時候就會快樂。但是正因為很重要，所以我現在學會建立一種複合式的痛苦跟快樂關係。例如當我做完義工、完成打掃之後在期貨市場贏了的話，我就會將這樣的快樂設定成一個組合並且融入在平常生活中。這樣的想法將我自己本身的成長跟投資作連結，並且也增加信心。積極的想法對於投資是很有用的。以各種積極的想法為中心，遵守制定的交易守則，即使輸了也會產生持續下去的意志力。我認為要持續不斷的用一種方法在投資中勝利，這樣的精神是絕對需要的。

① 報價牌資訊

② 買進訊號單K線

③ 買進訊號組合型態

④ 賣出訊號單K線

⑤ 賣出訊號組合型態

⑥ 勝者專訪

⑦ 【附錄】保力加通道

08 對投資者的建議

模仿成功的人。

我建議初學者應該多模仿成功的人。我自己在初期失敗的時候就很徹底的鍛鍊模仿力。而且要模仿就要儘量模仿得很像，這個道理很容易懂，讀者中間應該有人減肥過吧！在網路或電視上聽到有人減肥成功的案例時，想減肥的人一定會仔細了解，對方從早上起來吃什麼？做什麼運動？遇到停滯期如何度過？我在早期曾經為了提高自己的績效，模仿了一位在期貨交易上很成功的人，當我知道對方常用「整齊法」提高自己績效時，我也模仿著做。原來，那位先生本性上是個非常隨性的人，外出衣著從不在乎，房間也經常亂七八糟的，後來，他經朋友的建議，要思想上、行為上、外表上先像個有錢人，之後才會真的變有錢人，於是，他開始動手整理內務，並把傢飾從便宜的路邊攤貨改成百貨公司的高價商品，衣服、皮鞋也都換成合身、時尚的品牌，當他做了這些改變後，操作績效一飛沖天……。我很欣賞這位朋友的改變，他的確是花了很多力氣，打破自己的「舒適圈」，由外而內藉此提升自己的思考等級。在聽完他的交易心法之後，有一長段時間我偷偷模仿他的所有行為舉止，有時我連腦中自己與自己的對話都是用他的語氣，最明顯的改變是，我也開始整理自己的內務，丟掉許多以前捨不得丟的東西，並開始做分類，一遇到交易瓶頸我就放下工作，強迫自己打掃家裡，一邊整理就一邊告訴自己，所有成功人士在生活上都很重視清潔整頓，沒有人在混亂不堪的房間裡做交易，如果東西少、房間整齊乾淨的話即使有突發事件也能夠沉著應付。

樂觀看待不好的事情也很重要。這並不是說要忽視那些不好的事情。例如，大虧損的時候，並不是不去看它，而是要明白為什麼會這樣，之後才能不再重蹈覆轍。這種做法在停損的時候是很有用的。相反的，如果賺錢的話也會更加高興，這樣一來就會更加小心努力，希望再次感受到相同的快樂。

🌏 從心理、行為、思考方式上先模仿做一個真正的有錢人

在心理上	在行為上	在思考上
樂觀，尊重市場，對成功抱著希望。	成功的人總是整齊、有秩序的。	做錯時，只要檢討就好，不要帶情緒。

附錄
保力加通道

保力加通道的繪製

保力加通道」（Bollinger Band）的繪製原則就是中間有一條移動平均線，之後再搭配σ線，σ線是什麼呢？簡單來講它就是「標準差」，也就是從保力加通道可以判讀，目前行情跟「標準差多少」的意思。基本判斷的原則是，當目前行情跟一般行情（在這裡的基準就是移動平均線）相差太遠時，行情有很高的機率會向「標準」靠近。這裡先舉例子做說明。

假設小華的學校把學生的綜合表現分為5等級評分，表現最佳的得5點，最差的得1點，那麼得3點的人應該是最多，得4點、2點的人會比較少，得5點、1點的人會更稀少。

若小華過去的表現總是被評為得3點，但這次被評為得到4點，那麼，下一次小華的評分落點會是在那裡呢？

比起再一次取得4點或5點的機會來說，回到3點的機率是比較高的。保力加通道的想法也大致如此，投資人只要想法清楚，保力加通道的使用方法將會變得簡單。

```
                        得點人數
      ●━━━━━━━━━━━━━━━━━━━━━━━━━━━━●
得5點  ● ● ● ● ● ● ● ● ● ● ● ●
得4點  ━ ━ ━ ━ ━ ━ ━ ━ ━ ━ ━ ━
得3點  ━━━━━━━━━━━━━━━━━━━━━━━━
得2點  ━ ━ ━ ━ ━ ━ ━ ━ ━ ━ ━ ━
得1點  ● ● ● ● ● ● ● ● ● ● ● ●
```

再舉另外兩個例子，進一步說明保力加通道的想法——

例1

統計莉莉過去考試100次的結果，總平均分數為60分，其中有68次（68%）的考試成績在50分及70分之間，有95次（95%）的考試成績在40分及80分之間。80分以上及40分以上，合計有5次（5%）。

<table>
<tr><td>**分數**</td><td>**發生機率**</td><td></td></tr>
<tr><td>80分以上</td><td>很少出現的好分數</td><td rowspan="7">佔95%</td></tr>
<tr><td>80分</td><td>偶爾拿好分數，13.5%</td></tr>
<tr><td>70分</td><td rowspan="3">平日平均60分，68%</td></tr>
<tr><td>60分</td></tr>
<tr><td>50分</td></tr>
<tr><td>40分</td><td>偶爾拿壞分數，13.5%</td></tr>
<tr><td>40分以下</td><td>很少出現的壞分數</td></tr>
</table>

若莉莉第100次的分數為60分，第101次的分數可能會比60分高？或比60分低？這個問題很難判斷。

但是，假設莉莉第100次的考試分數為95分的話，由於95分對莉莉而言，是很少拿到的好分數，故第101次的分數，得到95分以下的機率，理論上應該被認為將高於得到95分以上的機率。

① 報價牌資訊

② 買進訊號單K線

③ 買進訊號組合型態

④ 賣出訊號單K線

⑤ 賣出訊號組合型態

⑥ 勝者專訪

⑦ 【附錄】保力加通道

例2

整理某甲電子公司100天的收盤價,平均為300元,且約7成(＝68%)的收盤價在250元及350元之間。

而幾乎所有的收盤價(95%)在200元及400元之間。

另外,比400元高的及比200元低的收盤價,合計有5%,也就是出現的機率很低。

股價	發生機率	
400元以上	很少出現的高股價	
400元	偶爾的高股價,13.5%	
350元		
300元	平均股價300元 68%	佔95%
250元		
200元	偶爾的低股價,13.5%	
200元以下	很少出現的低股價	

若某甲電子公司第100天的股價為150元。透過保力加通道的方式,想要推測第101天的行情就很簡單了,因為150元出現的機率是落在很少出現的區域,故我們就可以比較大膽的推測在第101天的股價要比150元高的機率是很高的。

以上這就是「保力加通道」的想法。

夠簡單吧!

掌握－2σ線及2σ線

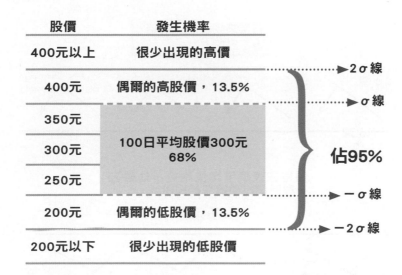

上面這張圖，與前一節某甲電子公司的範例圖兩者不同的地方只多了4個箭頭，外加四個座標：2σ、σ、－σ、－2σ。

也就是把進入68%的範圍下面的一條線稱為－σ線，上面的一條線稱為σ線。

進入數據的95%的範圍下面的一條線稱為－2σ線，上面的一條線稱為＋2σ線。就成為本頁上面的圖。這就是保力加通道的繪製方法，而運用在行情上，只要使用－2σ線及＋2σ線即已足夠。

也就是行情若接近2σ線，或超過2σ線的話，下跌的可能性是高的（賣出訊號）。

若接近－2σ線，或低於－2σ線的話，上漲的可能性是高的（買進訊號）。

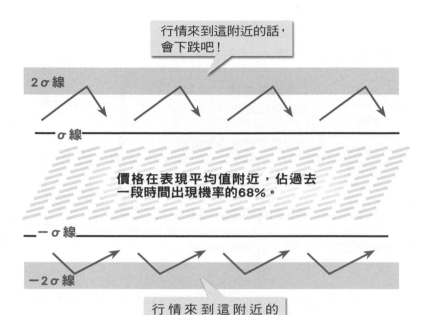

2σ線

行情來到這附近的話，會下跌吧！

－σ線

價格在表現平均值附近，佔過去一段時間出現機率的68%。

－σ線

－2σ線

行情來到這附近的話，會漲吧！

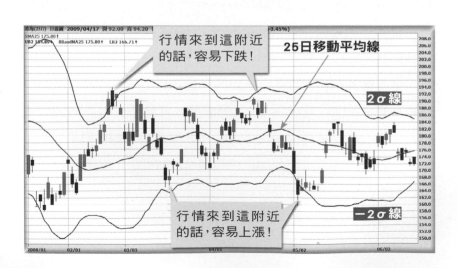

行情來到這附近的話，容易下跌！

25日移動平均線

2σ線

行情來到這附近的話，容易上漲！

－2σ線

關於保力加通道，很重要的使用原則：

　　若你參考保力加通道的−2σ線買進，但在賣出時，卻幾乎不可以使用2σ線！反之也是一樣。為什麼呢？

　　前面曾用考試分數來當成保力加通道的理解。現在同樣再用這樣的理解方式來解釋－－假設，小花花每一次考數分數的平均是50分，那麼−2σ線為30分，2σ線為70分。若小花花這一次考試成績低於30分（低於−2σ線），比較合理的期待是小花花應該有可能從30分、35分、40分、45分一路進步到50分，但是，除非有極度充足的理由，否則要期待小花花在短期能進步到70分以上就太超過了。

　　相同的，若你是採用價格向上穿透保力加通道，放空！的邏輯，但它可不一定（通常不是）回補股票（買）在行情掉到保力加通道以下時。一般說來，不管買、賣，一面要看移動平均線，一面要看K線，而把保力加通道當成為加強佐證（互相確認）的訊號比較合理。下文我們將這三種組合做成整理。

① 報價牌資訊
② 買進訊號單K線
③ 買進訊號組合型態
④ 賣出訊號單K線
⑤ 賣出訊號組合型態
⑥ 勝者專訪
⑦【附錄】保力加通道

投資智典系列

股票獲利智典①
技術面篇
定價：199元

作者：方天龍

股票獲利智典②
股價圖篇
定價：199元

作者：新米太郎

股票獲利智典③
1日內交易篇
定價：199元

作者：新米太郎

電話郵購任選二本，即享85折
買越多本折扣越多，歡迎洽詢
大批訂購另有折扣，歡迎來電‧‧‧‧‧‧

股票獲利智典④ ——— 定價：199元
5分鐘K線篇

作者：新米太郎

股票獲利智典⑤ ——— 定價：199元
期貨當沖篇

作者：新米太郎

【訂購資訊】　　　　　http://www.book2000.com.tw

郵局劃撥：帳號/19329140　戶名/恆兆文化有限公司
ATM匯款：銀行/合作金庫(代碼006)/三興分行/1405-717-327091
貨到付款：請來電洽詢　☎ TEL 02-27369882　📠 FAX 02-27338407

· 國 家 圖 書 館 出 版 品 預 行 編 目 資 料

5分鐘K線篇	／新米太郎 編著.

-- 臺北市： 　恆兆文化　　　　　2011.11

208面； 14.8X21.0 公分　--(股票獲利智典；4)

ISBN 　978-986-6489-29-7（平裝）

1.股票投資 2.投資技術 3.投資分析

563.53　　　　　　　　　　　　100021131

股票獲利智典 ④　　5分鐘K線篇

出 版 所	恆兆文化有限公司
	Heng Zhao Culture Co.LTD
	www.book2000.com.tw
發 行 人	張正
作 者	新米太郎
封 面 設 計	DAVID
責 任 編 輯	文喜
電 話	+886.2.27369882
傳 真	+886.2.27338407
地 址	110台北市吳興街118巷25弄2號2樓
	110,2F,NO.2,ALLEY.25,LANE.118,WuXing St., XinYi District,Taipei,R.O.China
出 版 日 期	2011/11初版
I S B N	978-986-6489-29-7（平裝）
劃 撥 帳 號	19329140 戶名 恆兆文化有限公司
定 價	199元
總 經 銷	聯合發行股份有限公司 電話 02.29178022

著作權所有，本圖文非經同意不得轉載，如發現書頁有裝訂錯誤或污損事情，請寄回本公司調換。
ALL RIGHTS RESERVED.